쩐의 흐름을 타라

팍스넷 조회수 1위! 프로 트레이더 '미녀53'의 주식 성공 전략

쩐의 흐름을 타라

· 미녀53 지음 ·

개미가
돈 버는
길

에디터
editor

"개미들을 위한 정도 트레이딩 기법"

안녕하세요~

저는 파생시장에 10여 년 동안 몸담았던 트레이더입니다. 아쉽게도 얼마 전 트레이딩계를 떠나게 되었습니다. 아마 다시는 현장 플레이어로 복귀하는 일은 없을 테지만, 한때 제 삶의 모든 것이었던 트레이딩에 대해 아직도 많은 애정을 가지고 있습니다.

시장에게 주는 제 마지막 선물로 증권 포털인 팍스넷paxnet.moneta.co.kr에 글을 남기던 것이 계기가 되어 이렇게 책까지 펴내게 되었습니다. 어찌 보면 저란 사람이 한때 시장에 존재했고 이러이러한 생각을 하며 트레이딩을 하다가 다행히도 시장을 무사히 떠났다라는 족적을 남기고 싶었는지도 모릅니다.

이 책을 통해 단숨에 돈을 벌겠다고 기대하는 분들께는 참으로 죄송스럽지만 이 책은 돈을 버는 방법을 가르쳐주는 책이 아닙니다. 그것이 목적이라면 다른 책을 찾아보시라고 미리 말씀드립니다. 저는 100% 돈을 벌 수 있는 비법 같은 것은 모릅니다. 사실 그러한 비법이 존재한다고 믿지도 않고요.

그럼에도 불구하고 제가 이 책을 쓰는 이유는 비법은 없어도 길은 있기 때문입니다. 트레이딩을 통해 지속적으로 돈을 버는 사람들은 분명히 존재합니다. 그렇다고 해서 그들이 불법적인 거래를 하거나 남들이 모르는 특수한 비결을 가지고 있는 것은 아닙니다.

여러분께 알려드리고 싶은 트레이딩 방법은 '추세추종trend following' 기법입니다. 가장 오래된 트레이딩 기법 중 하나로 대부분의 성공적인 트레이더들이 추구하는 기법입니다. 또한 많은 재야 고수들이 추세추종의 기법을 사용하고 있습니다. 어쩌면 추세추종은 개미들이 사용할 수 있는 유일한 기법인지도 모릅니다. 정보에서 뒤질 수밖에 없는 개미들이 실시간으로 접할 수 있는 유일한 정보가 시세 그 자체이기 때문이죠.

추세추종의 기법은 한 가지 대전제를 가지고 출발합니다.
"시장에는 추세가 존재한다."
그러나 안타깝게도 추세가 언제 발생하고 언제 끝날지를 알 수 있는 방법은 없습니다. 아무리 많은 경제지표들을 참고하고 금리 동향을 추적하며 환율 변동을 모니터링한다고 해도 증시는 이러한 것들을 모두 선행하거나 동행하기 때문에 증시의 움직임을 미리 알 수는 없는 겁니다. 그러므로 그러한 자료에 눈을 질끈 감고 차트상의 추세만을 따라가자는 것이죠. 각종 보조지표는 모두 없앤 후 가격과 거래량이라는 두 가지 데이터만 가지고 추세추종을 하자는 이야기입니다.

추세추종 기법은 결국 예측보다는 대응에 중점을 둔 기법입니다. 중요한 것은 만약 우리가 추세파동을 운 좋게 타게 되면 그 추세를 끝까지 먹고, 추세파동에 역행하게 되면 최대한 빨리 손실을 자르는 것이죠.

훌륭한 추세추종자는 시장에 대해 올바른 태도를 가져야 합니다. 그것은 다음을 순수하게 받아들이는 것입니다.

- 수익과 손실은 모두 시장이 만드는 것이다.
- 시장은 내가 어찌할 수 없는 것이다.
- 그러나 나 자신의 행동만큼은 내가 통제할 수 있다.

만일 여러분이 "시장 앞에 순응하라"는 추세추종의 가르침을 따라 매매를 할 결심이라면 위의 글귀를 적어 모니터 앞에 붙여놓으세요. 한순간이라도 잊어버리지 않도록 말입니다.

요즘 우리나라 투자자들 사이에서는 과거의 얼룩진 투기 역사 때문인지 "세력이 개미의 주머니를 턴다"라는 음모론과 이에 입각한 기술적 분석 기법이 팽배합니다. 많은 트레이더들은 이러한 '세력'의 자취를 차트에서 찾아내기 위해 고군분투하고 있습니다. 그래서인지 시중에는 수많은 장사꾼들이 세력주를 짚어준다는 명목 하에 거짓 기법을 가르치고 있으며 그것을 맹신하며 시장에 들어왔던 수많은 개인투자자들은 '피'를 보고 있습니다.

시장에 선도 세력이 있는 것은 사실입니다. 하지만 그러한 세력이 결코 단일 세력은 아니기 때문에 세력과 개미라는 이분법적 대결 구도는 진실을 지나치게 단순화시키다 못해 왜곡시킨 것이라고 저는 봅니다.

세력이란 결국 자본력과 정보력을 갖추고 시세에 어느 정도 영향력을 미칠 수 있는 시장 참가자를 말할 뿐입니다. 세력은, 시세를 마치 장난감

가지고 놀듯 자기 마음대로 올렸다 내렸다 할 수 있는 전지전능한 존재가 아닙니다. 물론 과거 한때에는 이와 유사한 세력이 존재한 적도 있었으나 오늘날의 시장에서는 거의 찾아보기 힘듭니다.

무엇보다도 제가 말씀 드리고 싶은 것은, 이와 같은 음모론적 시각으로 시장을 바라본다고 해서 나아질 게 아무것도 없다는 사실입니다. 진정으로 바람직한 마인드는 정직하게 시장을 배우고 시세의 원리를 깨우치려는 자세가 아닐까 합니다.

트레이딩에는 왕도가 없으며 고수 트레이더라고 해서 남들이 모르는 비밀기법으로 거래를 하는 것은 아닙니다. 돈을 버는 트레이더와 잃는 트레이더의 차이는 기법에 있는 것이 아니라 시장을 바라보는 관점, 매매에 임하는 자세, 주어진 정보를 해석해내는 능력, 매매 실패를 다루는 방법, 자금 관리 등에 있습니다.

트레이딩은 그 도(道)를 깨우친 사람에게는 너무도 쉽지만, 그렇지 못한 이들에게는 너무도 어려운 것입니다. 트레이딩의 도는 단기적 수익 변동을 뛰어넘어 장기적으로 생각하는 데 있고 돈 자체를 좇기보다는 훌륭한 매매를 완성시키려는 장인 정신에서 탄생합니다.

어느 직업이든지 그 직업에서의 탁월성을 달성하는 것을 목표로 삼으세요. 그러면 돈이 저절로 붙습니다. 그러나 돈 자체를 위해 물불을 가리지 않게 되면 어느 순간엔가 마음은 마음대로 피폐해지고 자신의 목적 또한 달성하지 못하게 됩니다.

이 책은 트레이딩에 관한 모든 내용을 총망라하고 있지는 않습니다. 단지 핵심이 되는 내용만을 아주 쉽게, 누구라도 수긍할 수 있게 전달하는 것을 목적으로 했습니다.

여러분이 이 책을 읽고 소위 말하는 "100% 비법을 알려주마"라고 부르짖는 자칭 고수들에게 더 이상 돈을 낭비하지 않게 된다면, 저는 최소한의 소임은 다했다고 생각할 것입니다. 한 발 더 나아가 저의 미천한 경험이 주식으로 고통 받는 개인투자자들에게 작은 도움이 되고, 여러분이 '정도(正道)'를 걷는 트레이더로 성장해나간다면 매우 기쁠 것입니다.

저의 보잘 것 없는 책이 여러분이 트레이더로서 성장해나가는 데 작은 밑거름이 되기를 바라면서….

2009년 가을
미녀53

차례

들어가는 말 "개미들을 위한 정도 트레이딩 기법" … 5

Chapter 1 • 트레이딩의 기초

마인드셋이 중요하다

트레이딩 잘하기 : 세 가지 요건이 필요하다 … 17

어려운 게임을 쉽게 하려면 : 마인드셋이 중요하다 … 22

추세추종 기법 : 시장과 돈, 나의 관계를 파악하라 … 27

개미에게 힘을 주는 이야기 : 돈 버는 방법은 분명 있다 … 32

베팅 노하우 : 자산의 일정 비율을 베팅하라 … 37

수비의 기술 : 홈런을 빵빵치는 것보다 더 중요한 것 … 43

기법보다 중요한 것 : 투자할 때와 쉴 때를 알아야 한다 … 48

Chapter 2 • 트레이딩의 고급 기술

시장이 가는 대로 쫓아가라

매매비법에 대한 환상 : 고수를 찾아 헤매지 마라 … 53

좋은 기법의 조건 : 단순할수록 좋다 … 57

시장에서 승리하는 비결 : 오랫동안 살아남아야 버블을 먹는다 … 63

주식과 사랑의 공통점 : 내 맘대로 움직일 수 있는 것이 아니다 … 72

미래는 알 수 있는가 : 100% 들어맞는 추세 발생 신호? … 78

개투 고수가 되는 지름길 : 자기만의 스트라이크존을 만들어라 … 82

강한 추세를 잡는 법 : 시세 그 자체와 이평선에 집중하라 … 87

주가 모멘텀과 모멘텀반전 : 뛰는 말에 올라타라 … 91

장세 판단의 경험칙 : 성급하게 시세를 예단하지 마라 … 95

언제 팔아야 하나 : 고점 대비 일정 비율 하락시 매도하라 … 99

가짜 추세 가려내는 법 : 좀더 기다리거나 거래량을 체크하라 … 104

Chapter 3 • 인간 심리와 투자

'나는 다르다'는 환상에서 벗어나라

통제에 대한 욕구 : 당신이 통제할 수 있는 것은? … 111

무의식적 시세 예측의 심리 : 예측보다는 대응이 필요하다 … 115

단기 성과에 이끌리는 심리 : 조삼모사의 함정에 빠지지 마라 … 118

기대와 현실 만족의 상대성 : 과도한 기대는 매매 망치는 주범 … 122

정신적 회계의 함정 : 물타기는 금물, 피라미딩은 권장 … 125

후향 편견과 현재에 묶인 인간 : 시장에는 늘 기회가 돌아온다 … 129

정보의 양과 확신 그리고 확증 편견 : 미래 예측은 신의 영역이다 … 132

자기 존중 편견과 심리적 방어기제 : 자존심보다 중요한 것이 수익 … 136

과도한 자신감의 문제 : '나는 다르다'는 환상에서 벗어나라 … 140

트레이딩과 다이어트의 비슷한 점 : 언제나 관건은 내 자신이다 … 144

Chapter 4 • 시세의 이해

주기를 통해 시세의 큰 흐름을 읽어라

장세의 종류와 시세의 원리 : 산들바람은 낙엽만 날릴 뿐이다 … 151

주가 파동의 주기 : 파동 합성의 원리와 기본 주기를 이해하라 … 158

주가의 좌우 전이 : 상승과 하락의 봉우리를 파악하라 … 167

파동의 발생 원인 : 시장의 과민 반응과 교정 반응을 주시하라 … 171

시장이 고요할 때 : 다가오는 큰 추세를 준비하라 … 176

작전 세력 : 그들은 정말 있을까? … 180

기술적 분석 : 과연 만능일까 … 184

Chapter 5 • 프로페셔널의 실전 전략

쩐의 흐름을 타라

매매 계획의 수립 : 과연 계획대로 이행할 수 있는가 … 197

진입부터 청산까지의 기본 전략 : 매수는 양봉에서, 매도는 음봉에서 … 200

장세 판단법 : 일봉이 아닌 주봉차트를 활용하라 … 205

변동성의 파악 : 시장의 질을 파악하는 핵심이다 … 210

베어마켓 랠리 : 패닉 직전의 랠리를 조심하라 … 215

장세에 맞는 전략의 구축법 : 매매 성과가 최고의 피드백이다 … 220

주도주 파악하는 방법 : 자금이 집중되는 섹터에 베팅하라 … 230

어떤 종목에 투자할까 : 대박주의 환상을 버려라 … 236

시스템 트레이딩 : 또 하나의 무기 … 240

Chapter 6 • 꼭 새겨야 할 투자 포인트

수익보다 위험관리가 먼저다

트레이딩의 출발점 : 투자철학과 매매원칙을 세워라 … 249

리스크 매니지먼트 : 수익보다 위험관리가 먼저다 … 253

포지션 진입과 청산시의 체크포인트 : 추세는 생각보다 오래 간다 … 257

심리와 시장에 대한 체크포인트 : 시장의 리듬과 자신의 매매 리듬을 동화시켜라 … 262

매매일지의 작성 : 기록으로 남겨야 고수가 된다 … 266

트레이더 차트 : 주가 차트 분석보다 더 큰 통찰을 준다 … 271

사업으로의 트레이딩 : 손실관리를 최우선시하라 … 277

전략의 설계 : 시장을 먼저 읽어라 … 282

선물거래 샘플전략 : 이평선교차전략도 장기적으로 돈이 된다 … 287

Chapter 7 • 가상 인터뷰
'미녀53'과 개인투자자 '똘이'와의 대화

펀더멘탈 : 주가 그 자체를 더 신뢰해야 … 295

기술적 분석 : 장기추세를 먼저 분석해야 … 298

투자전략 : 단순한 원칙을 추구하라 … 300

자금관리 : 비율 베팅으로 리스크 관리해야 … 303

종목 선정 : 인덱스 거래나 주도주 찾기를 추천 … 306

기법의 유행 : 추세추종은 생존게임, 실천 쉽지 않아 … 309

추세추종 기법 : 개투에게 가장 손쉬운 투자 방법 … 312

손절매 : 계획된 시나리오로 불안심리 극복해야 … 318

역발상 투자 : 대중과 반대로 투자해야 잃지 않아 … 321

옵션투자 : 무원칙은 쪽박, 무조건 소액으로 … 324

선물투자 : 레버리지의 고위험, 대기자금 넉넉해야 … 327

책을 마치며　시장의 승리자를 꿈꾸는 당신에게 … 332

마인드셋이
중요하다

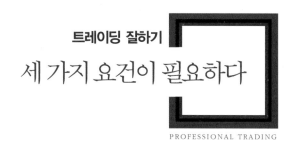

트레이딩 잘하기

세 가지 요건이 필요하다

PROFESSIONAL TRADING

■　　　주식이 참 힘들죠? 주식 때문에 돈 홀라당 말아먹은 분도 많고, 아무리 공부하고 또 해도 답이 안 보인다는 생각만 들 것입니다. 그러다 보니 어차피 복불복이라는 생각에 주식에서 까먹은 돈 한 방에 만회하기 위해 옵션판에 들어와 운을 믿고 한바탕 질렀다가 패가망신하신 분들도 종종 있으실 겁니다.

단기적으로 보면, 주식투자의 성패는 운에 좌우되는 측면이 있죠. 마치 도박판에 초짜가 들어가 한두 판 먹을 수 있는 것처럼. 그러나 장기적으로 자기자신만의 투자방식이 정립되어 있지 않으면 도박판의 봉처럼 결국엔 탈탈탈탈탈 몽땅 털리고 나오게 되어 있습니다. 이것은 ─ 겪어보신 분들도 많겠지만 ─ 백이면 백 예외가 없어요.

저는 개인투자자(이제부터는 '개투'라 부릅니다)들에게 단도직입적으로 말합니다. 먼저 '투자'를 할 건지 '트레이딩'을 할 건지 정하라!

투자는 장기적인 전망에 근거해 단기적 시세등락을 초월하여 수익을 추구하는 행위입니다. 그렇다면 트레이딩은 뭘까요? 트레이딩은 단기적 시세등락 자체를 수익의 근원으로 삼는 행위랍니다. 그리고 투자를 할 거면 모니터를 떠나야 해요. 모니터를 매일 지켜보면서 투자를 한다고 하는 사람은 절대 자신이 생각하는 '투자'를 하지 못합니다.

트레이딩이 성공할 수 있는 이유는 시세가 늘 왔다갔다하는데 그 속에 가끔씩 추세가 나타나기 때문이죠. 만일 먹을 수 있는 추세가 시장에 전혀 존재하지 않았다면 트레이딩은 성공할 수 없고, 사실 투자도 성공할 수 없어요. 시세에는 '추세'가 있습니다(잊지 마세요!). 그리고 트레이딩은 바로 이 추세를 먹는 게임입니다.

대부분의 개미들은 짧은 시간 안에 돈을 벌어야 하는 사람들이므로 장기투자는 그다지 도움이 안 된다고 할 수 있죠(장기투자가 잘못되었다는 말이 아니라 개미들에게는 너무 가혹한 기다림을 요한다는 뜻입니다). 결국 트레이딩을 잘해야 돈을 법니다(참고로 여기서 장기란 대체로 3~5년 이상 포지션을 보유하는 것을 말합니다).

만약 투자의 마인드를 가지고 계신 분이라면 지금 이 순간 이 책을 덮으시기 바랍니다. 저는 이 책에서 투자에 대해 별 할 말이 없으니까요. 그러나 만약 트레이딩의 마인드를 가지고 계신 분이라면 제 경험을 통해 얻을 것이 있을 것입니다.

트레이딩을 잘하기 위한 요건은
첫 번째로는 올바른 마인드셋을 갖는 것이고,

두 번째는 베팅머니를 잘 조절하는 것이며,

세 번째가 시세의 강약과 맥을 짚을 줄 알아야 한다는 것입니다.

많은 이들이 시세를 예측하기 위해 고군분투하는 것이 현실이지만 사실 알고 보면 이 중에서 첫 번째가 제일 어려워요!

그렇다면 올바른 마인드셋이란 무엇일까요? 트레이딩은 추세파동을 먹어야 한다고 말씀 드렸죠. 그러니까 '보초서기'는 하지 마세요. 시세가 오르거나 내리기를 바라면서 포지션을 보유하고 있는 것 자체가 잘못된 마인드셋입니다. 트레이딩은 먹을 수 있는 것만 먹으면 됩니다. 제가 제 트레이딩 사무실에 큼지막하게 써 붙여놓은 글귀가 있죠!

먹을 수 있는 것만 먹자!

먹을 것 못 먹을 것 가리지 못하고 다 먹으려고 돼지처럼 굴면 망하기 마련… 그러나 먹을 수 있는 게 있는데도 겁이 나서 달려들지 못하면 그만한 멍청이도 없다.

내가 원하는 시세가 안 나오면 곧바로 손절매하자.

시세가 움직이지 않을 때 포지션을 보유하는 것은 바보짓이다. 포지션은 보유하는 것 자체가 리스크가 되기 마련. 시세가 움직일 때 동참하고 멈출 때 빠져 나와라. 그게 바로 트레이딩이다.

돈은 점수일 뿐이다.

돈은 실제 세상에서나 돈일 뿐… 그것이 베팅머니가 되는 순간 그것은 이미 돈이 아니다. 그저 점수일 뿐이다.

트레이딩을 하다가 감정에 압도되면 그것은 멈추라는 신호다.

냉정함을 유지할 수 없다면 게임을 그만둬라.

매일 돈을 딸 수는 없다.

그러나 위의 원칙을 지켜나간다면 수익곡선은 지그재그로 결국 올라가 게 되어 있다. 하지만 원칙을 어기면 망할 뿐임을 늘 상기하자.

사실은 저도 마인드셋을 정립하는 것이 제일 힘들었죠. 폭등하는 시세 에서 중도 하차하는가 하면 폭락하는 시세를 온몸으로 받아낸 적도 있으 니까요. 그것 때문에 제가 트레이딩을 처음 배웠던 스승님께 직사리 혼나 곤 했습니다. 트레이딩은 폭등하는 시세를 지속 보유할 수 있는 배짱과 동시에 폭락하는 시세를 가장 빨리 탈출할 줄 아는 눈치도 필요하답니다. 한마디로 단타 트레이딩은 hit and run을 잘해야 합니다.

그 다음은 자금관리인데, 이것도 어찌 보면 마인드셋에 포함시켜야 할 지도 모르겠네요. 어찌되었든 트레이딩을 하면서 '게임'이라는 느낌을 가질 수 있을 정도의 금액으로만 하세요. 한 틱 한 틱 움직일 때마다 손실 에 대한 공포 때문에 오줌까지 찔끔찔끔 나올 정도의 금액으로 하는 것은 그야말로 미친 짓입니다. 그 다음에는 시세의 변동성에 반비례하도록 베 팅머니를 조절해야 합니다. 변동성이 커질 때는 베팅머니를 작게, 작을 때는 크게 잡는 겁니다. 그러면 평균적인 평가금액 변동 속도가 일정하게 유지됩니다.

마지막으로 시세의 맥을 짚는 방법이 있는데, 이 부분에 대해서는 책의 나머지 부분에서 차례대로 살펴보도록 하겠습니다. 시중에 수많은 기술 적 분석 책이 있으니 참고하기 바라며… 그러나 절대로 어렵고 복잡하게 하면 안 된다는 점만 우선 말씀 드리겠습니다. 저는 차트에 온갖 보조지표를 다 띄워놓는 짓거리는 절대로 안 합니다.

Power Message

트레이딩은 추세를 먹는 게임이다. 트레이딩을 잘하기 위한 요건은 올바른 마인드셋을 가지고, 베팅머니를 잘 조절하며, 시세의 강약을 짚을 줄 알아야 한다는 것이다.

어려운 게임을 쉽게 하려면

마인드셋이 중요하다

PROFESSIONAL TRADING

■　　트레이딩 고수는 아주 단순하게 생각하는 경우가 많습니다. 많이 안다고 해서 매매를 잘하는 건 아니기 때문이죠. 장사라는 게 그렇습니다. 자신이 장사하는 아이템에 대해 더 많이 안다고 해서 꼭 더 장사를 잘하는 건 아니지 않습니까.

　어차피 시세라는 것은 ①오르거나, ②내리거나, ③옆으로 기거나, 세 가지 가능성 밖에는 없습니다. 이렇게 간단한 게임을 대부분의 개미들은 너무 어렵게 하고 있습니다. 기업 실적보고서를 처음부터 끝까지 다 읽고, 관련 신문 기사를 몽땅 스크랩하며, 종목 차트를 띄워놓고 온갖 잡다한 지표들을 모두 참조합니다.

　그런데 이렇게 해서 정보를 취득하면 시세가 어디로 갈지 예측할 수 있을까요? 글쎄요. 더 많이 알게 되면 자기 생각에 대해 고집만 더 강해집니다.

다시 강조하지만 마인드셋이 중요합니다. 정보가 아닌 마인드셋 말입니다. 제가 장담컨대 만일 마인드셋이 올바로 정립되면 돈을 벌 수 있습니다. 각종 증시 분석을 잘못해도, 마인드셋이 시장친화적인 마인드셋이라면! 돈을 벌게 된다 이 말이죠.

그만큼 마인드셋이 중요하고 또 중요한데도 사람들은 말만 중요하다 그러지 별로 관심이 없습니다. 제 경험을 바탕으로 확실히 말씀드리면 마인드가 정립되어 있고, 시장이 과거와도 같이 미래에도 존재한다면 돈을 벌 수 있습니다. 마인드셋 Mindset 은 사고의 틀이라고도 할 수 있어요. 주식 게임을 바라보는 관점, 게임을 정의하는 방식, 게임을 하는 목적의 정립 등등을 말합니다.

여기서 질문 하나를 던지겠습니다. 여러분이 만약 주식으로 돈을 벌었다면 그 돈은 누가 벌게 해준 걸까요?

① 천재적으로 매매를 한 나 자신
② 바보 같이 돈을 갖다 바친 불특정 타인
③ 시장 그 자체

①이라고 한 사람은 초하수라고 할 수 있습니다. 아직까지 시장을 자신이 통제할 수 있다고 착각하는 단계죠. 고수가 보면 과대망상 단계라고나 할까요. 주가가 자기 마음대로 흘러가지 않으면 머리에 핏발을 세우며 고래고래 소리를 치는 단계이기도 합니다.

②라고 한 사람은 이제 시장의 세력에 대해 겨우 눈을 뜨고 자신이 '독고다이 개미'라는 걸 알게 된, 왕초보 하수를 벗어난 정도의 단계에 속했

다고 보여집니다. 그러나 아직 게임을 개인들끼리 벌이는 전쟁이라고 보고 내가 돈을 따면 누군가 잃기 때문에 다른 누군가를 전략적으로 눌러야 한다는 쌈닭 마인드를 벗어나지 못한 단계입니다.

답은 ③입니다. "낙엽은 그저 바람에 몸을 실을 뿐 모든 수익과 손실은 시장에서 비롯된다." 명언이니 적어두세요(적기 싫으면 꼭 기억하세요).

게임의 목적은 시장을 열심히 뒤쫓아 다니는 거라고 할 수 있습니다. 바람이 부는 방향을 알아내 그 방향으로 몸을 트는 거죠. 그게 투자자가 해야 할 모든 것이랍니다. 바람이 불기 전에 바람이 어디로 불 거라고 예측하는 게 아니라, 바람이 부는 방향을 알아내는 것이 바로 매매의 핵심입니다.

주식은 정말 쉬운 게임입니다. 돈을 벌기 위해 내가 해야 하는 것은 그저 바람의 방향을 알아내고 방향이 바뀌면 바뀐 방향을 또 따라가는 것일 뿐입니다. 돈은 시장이 벌어다 줍니다. 내가 땀 흘려 일할 필요도 없고, 상사 눈에 들려고 파리처럼 손바닥을 비빌 필요도 없죠. 방법만 제대로 알면 주식쟁이는 최고의 직업 중 하나입니다.

그런데 주식이 어려워지는 이유는 위의 문제에서 ① 혹은 ②처럼 생각하기 때문이죠! 시장을 통제하려고 하니, 불가능한 것을 하려고 발버둥 치다보니 힘든 게임이 되고 다른 사람을 이기려고 하니 ─세상에 똑똑한 사람이 얼마나 많은데─ 그들을 이길 생각에 힘부터 쭈욱 빠져버리는 겁니다.

그 다음으로 주식을 어려운 게임으로 만드는 마인드셋은 돈을 잃지 않으려는 심리, 본전 심리, 매번 매매를 할 때마다 과거의 매매와 연관 지으려는 심리 등이라고 할 수 있습니다.

우선 돈을 잃지 않으려는 심리는 마치 전쟁터에 나가면서 아무도 죽지 않기를 바라는 심리랑 똑같죠. 어떤 장군이 이런 식으로 작전을 짠다면 그 사람은 미친 사람 취급당하거나 장군직을 박탈당하게 되겠죠. 전쟁에서 이기기 위해서 어느 정도의 희생은 어쩔 수 없습니다. 전쟁의 목적은 아군 전체의 생존이 아니라 승리입니다.

그렇다면 주식의 목적은? 돈을 버는 걸까요? 물론 궁극적 목적은 그것이지만 매매를 할 동안은 그 사실을 살짝 잊어버리세요. 주식의 목적은 시장이 가는 대로 따라가는 겁니다.

본전 심리는 말할 것도 없고 과거 매매와 이번 매매를 연관 지으려는 심리 또한 장애물이 됩니다. 내가 마지막 매매에서 돈을 잃었다고 이번 매매에서 돈을 따면 난 본전을 회복한 게 아니라 그저 돈을 번 겁니다. 잃은 매매는 잃은 매매입니다. 주식에서는 철저한 기억상실증 환자가 되어야 합니다. 마치 오래 전의 히트 영화 〈메멘토〉처럼….

과거에 얽매이면 복수심리 혹은 자만심 등의 쓸데없는 감정에 휘말려 결국 감정적 매매를 하게 됩니다. 이것은 실패의 지름길이죠.

평가손실을 손실이 아니라고 생각하고 평가이익을 이익이라고 여기는 심리도 웃긴 심리입니다. 왜 손실과 이익에 대해 거꾸로 생각하죠? 답은 정반대로 생각하는 겁니다. 평가손실은 이미 발생한 손실입니다. 손해를 보면서도 포지션을 보유할 때 합당한 이유는 딱 한 가지뿐입니다. 추세가 바뀌지 않았을 때뿐이죠.

반대로 평가이익은 결코 모든 이들의 이익이 아닙니다. 평가이익을 보고 있는 상태에서 모든 사람이 차익실현을 하려고 들면 결코 모든 사람에게 그만큼의 평가이익이 떨어지지 않죠! 평가이익은 그저 허깨비에 불과할 뿐입니다.

Power Message

단순하게 매매하라. 트레이딩이란 바람이 부는 방향을 알아낸 후 그것에 실려가는 것에 다름 아니다.

추세추종 기법

시장과 돈, 나의 관계를 파악하라

PROFESSIONAL TRADING

■　　이 책을 통해 여러분에게 소개할 추세추종 기법Trend Following은 사
실 아주 오래된 기법입니다. 공식적으로 이를 체계화한 사람은 미국 상품
선물시장에서 활동했던 리처드 돈천Richard Donchian이라는 사람입니다.

　　마음씨 좋게 생긴 할아버지죠? 이래봬도 예일대학
을 졸업하고 경제학 석사 학위를 딴 엘리트 출신입니
다. 그는 젊은 시절 제시 리버모어Jesse Livermore가 쓴
『어느 주식 투자자의 회상Reminiscences of a Stock Operator』을
읽고 감명을 받은 후 금융시장에 큰 관심을 가지게
되죠. 그 후 그는 기술적 분석에 심취하여 가격 그 자
체의 역사를 탐구하기에 이릅니다.

　　자, 기왕 얘기가 나왔으니 제시 리버모어를 건너뛸
수가 없죠? 한번쯤은 이름을 들어보았을 전설적인 트

레이더입니다.

근엄하게 생긴 이 아저씨야말로 추세추종 기법의 아버지라고 할 수 있습니다. 물론 제시 리버모어도 딕슨 와츠$^{Dickson Watts}$가 쓴 『예술로서의 투기$^{Speculation as a Fine Art}$』에서 많은 영감을 받았다고 하지만.

그런데 제시 리버모어는 1940년 『주식 매매하는 법$^{How to Trade in Stocks}$』이라는 책을 저술하고는 그 해 권총 자살로 인생을 마감하고 말았습니다. 직접적인 원인은 투기로 인한 파산이라고 하지만 이미 그 이전부터 우울증을 앓아온 것으로 추정하고 있습니다. 15세 때부터 매매중개소에서 잔심부름을 하면서 주식과 인연을 맺은 그는 평생 동안 몇 번을 대박과 파산을 반복하면서 전업 트레이더로서의 삶을 살았습니다. 그가 따고 잃었던 돈의 금액은 몇 억 달러에 달합니다.

자, 이제 오늘날의 대표적인 추세추종자를 만나보기로 하죠.

좌에서 우 : 빌 던(Bill Dunn), 에드 세이코타(Ed Seykota), 존 헨리(John Henry), 리처드 데니스(Richard Dennis)

모두 추세추종 업계에서는 전설로 알려져 있는 인물들입니다.

우리나라에서는 추세추종 기법으로 선물시장에서 큰 부를 일군 후 교육사업으로 전향한 윤강로씨가 있죠? '압구정 미꾸라지'로 더 널리 알려져 있는 분이죠.

또한 많은 재야 고수들이 추세추종의 기법을 사용하고 있습니다. 어쩌면 추세추종은 개미들이 사용할 수 있는 유일한 기법인지도 몰라요. 정보에서 뒤질 수밖에 없는 개미들이 실시간으로 접할 수 있는 유일한 정보가 시세 그 자체이기 때문이죠.

추세추종의 기법은 한 가지 대전제를 가지고 출발합니다. "시장에는 추세가 존재한다." 물론 우리로서는 그 추세를 미리 감지할 수 있는 방법이 없습니다. 물론 노력은 해봐야겠지만요. 추세추종 기법은 예측보다는 대응에 중점을 둔 기법입니다. 중요한 것은 만약 우리가 추세파동을 운 좋게 타게 되면 그 추세파동을 끝까지 먹고, 추세파동에 역행하게 되면 최대한 빨리 손실을 자르는 것이죠.

추세추종자는 시장에 대해 올바른 태도를 가지는 것이 매우 중요하답니다. 그리고 올바른 태도란 다음을 받아들이는 것에서 출발합니다.

- 수익과 손실은 모두 시장이 내주는 것이다.
- 시장은 내가 어찌할 수 없는 것이다.
- 그러나 나 자신의 행동만큼은 내가 통제할 수 있다.

만일 여러분이 저를 믿고 추세추종의 철학을 따라 매매를 하실 거라면 위의 글귀를 적어서 모니터 앞에 붙여놓으세요. 한순간이라도 잊어버리지 않도록 말입니다.

이제 이 세 가지 글귀를 하나하나 곱씹어보기로 할까요?

수익과 손실은 모두 시장이 내주는 것이다.

주식을 산 후에 주가가 오르면 돈을 버는 것이고 내리면 돈을 잃는 것이죠. 아주 간단합니다. 그런데 주가는 나라는 사람이 존재하는 것에는 관심도 없습니다. 그저 어떤 때는 오르고 어떤 때는 내릴 뿐. 모든 수익과 손실은 시장의 움직임에서 비롯되는 것입니다. 당연하죠.

시장은 내가 어찌할 수 없는 것이다.

주식을 산 다음 올라달라고 용을 쓴다고 해서 주가가 오르는 것은 아니죠? 주가의 움직임은 개개인의 통제권 바깥에 있는 것입니다. 통제할 수 없는 것을 통제하려고 너무 애쓰지 마세요. 여러분이 모니터 앞에 앉아서 모니터를 노려보고 소리치고 분노한다고 해서 주가가 그것을 아는 것은 아닙니다. 차라리 마음을 완전히 비우세요.

그러나 나 자신의 행동만큼은 내가 통제할 수 있다.

내가 처음에 어떤 종목을 매수하지 않았다면 수익과 손실의 가능성 또한 존재하지 않았을 것입니다. 또한 만일 내가 손실을 일찍 끊었다면 그것이 더 커지는 일은 없을 테지요. 매매에서 가장 중요한 것은 시장이 아니라 바로 자기자신입니다.

올바른 마인드셋을 완전히 기르지 않으면 몇 가지 심리적 오류에 빠질 가능성이 커집니다.

첫 번째 오류는 돈을 벌면 내가 잘했거나 내 분석기법이 훌륭해서 돈을 번 것이고, 돈을 잃으면 운이 나빴거나 시장이 나빠서 그런 거라고 생각하는 거죠. 땡! 정말이지 땡입니다. 수익이나 손실이나 모두 시장이 움직였기 때문에 발생한 것입니다.

두 번째 오류는 똥고집을 부리는 것입니다. 시장이 자신의 예측과 다르게 움직일 때 이에 순응하기보다는 시장이 결국 자신의 생각처럼 흘러갈 것이라고 우기는 것이죠. 흠, 이미 시장은 여러분이 예상한 것과 다르게 흘러갔습니다. 엄밀히 말해 여러분은 그러한 움직임이 나타난 순간 이미 틀린 거죠. 그런데 도대체 뭘 믿고 그렇게 계속 우기는 거죠? 시장은 여러분이라는 사람이 있는지조차 알지 못합니다!

세 번째 오류는 과도한 자신감입니다. 과도한 자신감은 종종 과도한 베팅으로 이어지죠. 과도한 베팅이야말로 투자자를 나락으로 빠트리는 제1의 원인이랍니다.

Power Message

추세추종은 오랜 역사를 가지고 있으며, 예측보다는 대응이 더 요구되는 매매 기법이다. 다음의 세 가지를 꼭 기억하라. 돈은 시장이 벌어다 주는 것이고, 언제나 시장에 순응해야 하며, 자기자신을 지나치게 믿는 것을 조심해야 한다.

개미에게 힘을 주는 이야기

돈 버는 방법은 분명 있다

PROFESSIONAL TRADING

■   저는 정말 젊은 시절을 주식에 갖다 바친 놈입니다. 다른 걸 이렇게 열심히 했다면 뭘 해도 크게 성공했을 텐데라는 생각까지 들 정도죠.

트레이딩은 지식이 아닙니다. 트레이더는 프로 게이머입니다. 스타크래프트 잘하는 사람이 이론이 강해서 스타를 잘하나요? 아니죠. 그건 이론+피눈물 나는 연습+그러는 중에 조금씩 쌓이는 내공이 어느 순간 통합되면서 게임의 본질을 깨닫는 '도(道)가 트이는 순간'이 오기 때문입니다.

제가 책을 내기로 마음을 먹은 건 제가 알고 있는 지식을 이제는 전파해야 될 때라고 생각했기 때문입니다. 그래봐야 별것도 아니지만 많은 사람들이 '주식이란 무엇인지' 알고 시작했으면 좋겠고, 적어도 제가 겪은 우여곡절과 실패는 겪지 않았으면 하는 마음에… 그리고 제가 그동안 배운 트레이딩의 도를 글로 체계화해보고 싶은 욕심도 작용한 듯합니다.

자, 여기서 잠시 플래쉬백~ 개인적인 스토리를 좀 까보겠습니다.

학창시절 저는 주식동아리 회장이었습니다. 그 당시 저는 주로 가치투자를 위시한 투자를 하고 있었고 우리 동아리에서는 매주마다 모여서 기업분석을 심도 있게 한 후 발표를 하고 의견 교환을 나누는 시간을 가졌습니다. 저는 스몰캡small capital 전문이었는데 작지만 내실이 튼튼하고 고성장의 잠재력을 지닌 기업을 발굴하는 것을 특기로 삼고 있었죠. 특히 필립 피셔Philip A. Fisher는 저의 영웅이었습니다. 그의 책을 얼마나 반복해서 읽었는지 모릅니다.

졸업한 후 그동안 쌓은 지식을 바탕으로 본격적인 투자를 시작했습니다. 근데 운이 없으려니까 IMF가 터지는 겁니다. 헐~ 은행은 안 망한다고 철저히 믿고 사두었던 은행주도 휴지가 되어버리고… 저는 날이면 날마다 쏘주병을 입에 물고 사는 신세가 되었죠. 대학시절 만나 뜨겁게 사랑했던 여친도 저를 떠나고, 저는 심각한 우울증에 걸려 정신과를 다니기도 했습니다.

저를 더 비참하게 했던 건 제가 명문대 출신이라는 겁니다. 주위 친구들은 안정적으로 대기업에 입사해서 결혼도 하고 알콩달콩 잘살고 있는데 저는 주식으로 승부를 보겠다고 X랄을 떨다가 폐인이 되었으니….

어쨌거나 저는 IMF에서 큰 교훈을 얻었습니다(저 말고도 그때 교훈을 얻은 사람이 많으리라 생각합니다). 바로 "주식에서 불가능한 일이란 없다. 주식에 바닥이란 없으며 시장은 자기 고집을 부리는 자들을 골탕 먹이기를 즐긴다"는 것을 깨달은 것입니다. 저는 가치분석이라는 툴을 버리고 기술적 분석 학교에 입학했습니다. 그리고 처절한 실전 전사의 길로 들어섰습니다. 밤에는 대리운전을 하고 각종 신종

알바를 하면서 몸 파는 거 빼고 다 했습니다. 자존심은 깡그리 버렸습니다. 명문대 나왔는데… 하는 구태의연한 생각은 아예 버렸습니다.

주식의 고수라는 사람을 찾아 헤매었습니다. 비싼 돈을 주고서라도 비법을 배우려고 먼 길 여행도 다녔습니다. 팍스넷은 저에게 특별한 의미를 가지는데 그곳에 있는 글을 읽으면서 고수 냄새를 풍기는 분에게는 무작정 쪽지를 보내 만나자고 간청하기도 했습니다.

제 주식인생의 전환점은 최고의 스승을 만난 것에서 시작되었습니다. 그 분은 작은 카페를 운영하셨던 분입니다. 그러나 본 직업은 그게 아니죠. 카페는 취미로 하는 거고 본업은 파생시장의 트레이더였습니다.

저는 제 딱한 사정을 말하며 물불 안 가리고 가르침을 청했습니다. 저를 가엾게 여기신 그 분께서는 따뜻한 구원의 손을 내밀어 주셨습니다. 저에게 은인이었던 그 분을 통해 저는 트레이딩의 기초 이론부터 탄탄하게 배울 수 있었습니다. 제가 알고 있는 모든 것은 그 분으로부터 온 것입니다.

안타깝게도 그 분은 얼마 전 암으로 세상을 하직하셨고 저는 아버지를 잃은 것 이상으로 한동안 슬픔에 빠져 지냈습니다. 어쩌면 제가 이렇게 글로 남기는 내용들은 추세추종 철학이라고 하는… 그 뿌리가 아주 오랜 옛날로 거슬러 올라가는… 그리고 그 철학의 아주 충실한 계승자였던 스승님이 원조입니다.

스승님으로부터 추세추종학을 배우고 파생시장에 입문한 후 10년 가까이 고군분투한 끝에 저는 재기에 성공할 수 있었답니다. 더 이상 도박을 하지 않고도 먹고 살 수 있을 정도의 부도 이루게 되었죠. 지금도 저는 제 삶을 바꿔놓은 그 분을 가슴 깊이 새기고 있습니다.

그럼 다시 플래시 포워드~

개미가 성공하기 위해서는?

물론 피나는 연습이 필요하지요.

요즘 많은 HTS에서 모의투자 기능을 제공하고 있습니다. 그걸로 연습을 하다 보면 ―물론 진짜 돈이 아니라 할 맛은 안 나지만― 시세의 강약을 느끼는 법을 배우게 됩니다. 그러나 무엇보다 중요한 건 바로 시장친화적인 마인드입니다. 시.장.친.화.적. 마인드!!!

만일 내가 어떤 포지션을 보유하고 있는데 왠지 자꾸 속이 뒤틀리고 쓰리다면 그건 내가 시장에 맞서고 있다는 증거입니다. 그런 직관적 느낌이 오는 순간 포지션은 정리하세요. 물론 곧바로 반대로 올라타면 절대 안 되구여! 시장이 진정한 방향을 가지고 있는지, 있다면 어느 방향인지를 재분석해야 하는 겁니다.

"시장은 효율적이라서 돈을 벌 수 있는 방법은 없다"… 이딴 말을 하는 사람들이 있죠. 이 말은 뭔 뜻하고 똑같은가 하면… 스타크래프트는 고수가 많기 때문에 고수가 되기 위해 연습하는 건 의미가 없다라는 말과 똑같고, 서울대에 들어갈 수 있는 비법이 있었다면 모든 사람들이 그 비법을 사용할 것이기 때문에 그런 비법은 없고, 모든 것은 운이므로 공부하지 말고 수능 치라는 말과 똑같습니다. 이 얼마나 바보 같은 말입니까?

그딴 말을 믿느니 지금 이 순간 연습을 더 하는 게 훨씬 좋습니다. 기술을 연마하는 자에게만 시장은 미소를 선물하니까요.

트레이딩은 지식으로만 되는 것이 아니다. 수많은 실전 경험을 통해서 지식과 자신의 매매 습관이 하나가 되어야만 비로소 베테랑이 될 수 있다. 시장에서 돈을 벌 수 있는 방법은 분명히 있다. 냉소적인 태도를 취하느니 그 방법을 찾아내기 위해 고군분투한다면 조금씩 트레이딩의 도를 깨우쳐 갈 수 있다.

베팅 노하우
자산의 일정 비율을 베팅하라

PROFESSIONAL TRADING

여러분, 시장 예측을 잘해야 돈을 벌 것 같습니까? 가만히 생각해보세요. 그렇게 생각한다면 그건 완전히 착각하는 겁니다. 시장을 완전히 잘못 이해하고 있는 겁니다.

지금 이 순간부터 예측에 대한 모든 미련을 버리세요. 시장은 예측할 수 없는 겁니다. 절대로!

핵심은 큰 추세가 나올 때까지 시장에서 오링(판돈을 전부 잃는다는 뜻입니다)되지 않고 살아남는 겁니다. 살아남아 있다 보면 반드시 큰 수익을 낼 수 있는 기회가 반드시 옵니다. 그때 그 기회를 100% 이용하세요. 그게 시장에서 돈을 버는 방법입니다.

이제 베팅의 방법에 대해 설명을 시작하겠습니다. 귀를 쫑긋하고 잘 들어주세요(눈을 크게 뜨고 잘 읽으라는 말입니다).

저는 예전에 동생들을 가르치기 위해 포커를 쳤습니다. 비록 저는 포커 고수는 아니지만 포커 속에는 주식을 포함한 모든 도박의 본질이 포함되어 있습니다. 포커 고수가 되면 분명 주식에서도 고수가 될 수 있습니다.

주식을 하는 목적은 예측을 잘하는 게 아니라 돈을 버는 겁니다. 맞습니까?

극단적인 예를 들어 예측을 잘한다고 해서 꼭 승자가 되는 건 아니라는 점을 증명해보겠습니다. 여기 한 사람이 있습니다. 그는 아주 뛰어난 분석능력이 있어서 앞으로의 주가흐름을 90% 맞춘다고 가정합시다. 달리 말하면 10번 중 9번을 맞춘다는 뜻이지요. 그런데 이 사람은 아주 고약한 습관이 있어서 무조건 전액 몰빵 베팅을 하지 않으면 견디지 못하는 성격입니다.

이 사람은 처음에 1000만원 몰빵을 합니다. 그리고 탁월한 예측력 덕분에 2배를 먹습니다. 그는 다시 2000만원으로 몰빵을 합니다. 대~단합니다! 다시 정확한 예측 덕분에 2배를 먹습니다. 이제 4000만원으로 훌쩍 뛰었습니다.

이렇게 아홉 번 연속으로 이깁니다. 무려 아홉 번… 그래서 돈이 자그마치 50억 정도로 불어납니다(정확히는 51억 2000만원). 그는 이제 당연히 50억을 몰빵 베팅을 합니다. 그런데 이번에는 집니다. 그리고 모든 돈을 한꺼번에 몽땅 잃습니다.

몰빵 베팅은 아무리 많이 이겨도 한 번만 지면 —단 한 번만이라도 지면— 번 돈을 몽땅 다 까먹습니다.

이보다 조금 더 사려 깊은 사람이 있다 칩시다. 그 사람은 정액 베팅을 합니다. 돈이 얼마나 많든 적든 무조건 1000만원만 베팅합니다. 앞 사람보다는 꽤 괜찮아 보이죠? 이 사람은 운이 좋으면 한동안은 시장에서 살아남을 수 있겠지만 운이 없어 연속 손실을 입는 경우 오링의 위험에서 벗어날 수 없습니다. 예를 들어 이 사람 밑천이 1억원이면 10번 연속으로 지면 오링됩니다.

이제 세 번째 사람이 나타납니다. 이 사람은 아주 배짱이 두둑해서 이길 때까지 2배로 베팅머니를 늘려가며 베팅을 합니다. 1000만원으로 베팅했는데 지면 2000만원으로 베팅하는 겁니다. 또 지면 이제는 4000만원으로 베팅합니다. 이 사람을 어떻게 평가해야 할까요?

이 사람 논리는 이겁니다. 언제까지나 질 수는 없다. 언젠가 한 번은 이기게 되어 있다. 그리고 이처럼 곱지르기를 하다보면 한 번 이길 때 모든 돈을 회수하고도 이익 1000만원을 낼 수 있다. 이를 무한히 반복하면 돈을 벌 수 있다(참고로 이를 '마팅게일martingale 베팅'이라고 부릅니다)는 주장입니다.

어쩌면 주식에서 물타기를 하는 사람의 논리도 이런 논리일 겁니다. 계속 주가가 떨어질 수만은 없으므로 주가가 떨어질 때마다 더 많은 물량을 매수하면 결국 언젠가는 그 돈을 모두 회수하고 덧붙여 돈을 벌 수 있다는 겁니다.

이 논리는 이론적으로는 맞지만 여기에는 가장 중요한 가정이 하나 필요합니다. 이런 전략을 쓰는 사람은 밑천이 아주 두둑해야 한다는 겁니다. 특히 2의 제곱수가 얼마나 빨리 커질 수 있는지 지수함수적 증가의 무서움을 아는 사람이라면 이 사람의 밑천이 거의 무한대에 가까워야 한다는 걸 알 수 있습니다.

눈치가 빠른 분은 뉘앙스를 통해 눈치 채셨겠지만 위의 모든 베팅 방법은 장기적으로 오링되는 방법들입니다. 예측을 아무리 잘해도 이런 식으로 베팅하면 결국 언젠가는 자멸합니다. 즉, 필패의 게임이라는 겁니다.

그렇다면 필패의 게임을 필승의 게임으로 바꾸기 위해서는 어떻게 해야 할까요? 답은 간단합니다. 요지는 베팅의 방법을 바꾸는 것입니다(물론 실천은 쉽지 않습니다). 승률은 굳이 90%가 될 필요가 없습니다. 물론 승률은 높으면 높을수록 좋지만 제가 보기에 55% 정도만 되어도 장기적으로 돈을 벌 수 있습니다.

그 베팅 방법이란 자기 자산의 일정 비율을 베팅하는 것입니다. 그러면 손실을 입을 때는 베팅머니가 점차 작아집니다. 따라서 웬만큼 확률이 낮은 게임을 하는 게 아닌 이상 오링되지 않고 시장에서 살아남을 수 있습니다. 그러다가 수익이 나기 시작하면 베팅머니는 복리로 커집니다. 제가 개인적으로 제안하고 싶은 비율은 계좌 금액의 10% 정도입니다.

개투가 시장에서 승리하는 비책 첫 번째는 '시장에서 살아남는 것'입니다. 그러기 위해서는 자산이 줄어들 때는 베팅머니를 줄여야 하고, 자산이 늘어날 때는 베팅머니를 늘려야 합니다. 아주 쉽죠잉? 이런 기본적인 프레임워크를 가지고 차트 분석이나 펀더멘털 분석 등등을 해야 시장에서 부를 쌓아 나갈 수 있는 겁니다.

비율 베팅에서 최적 비율을 찾는 공식이 있습니다. 바로 켈리의 공식 Kelly's formula입니다. 이 공식은 성공한 도박꾼이라면 모르는 사람이 없습니다. 주식이 도박이 아니라고 리스크를 부인하는 사람들만이 실제로 존재하지 않는 안전지대 속에서 투자놀이를 하고 있는 겁니다.

켈리의 공식은 승률과 수익 대 손실의 비율을 알고 있을 때 최적의 베팅 비율을 정해주는 공식입니다. 여기서 핵심은 승률을 알아야 한다는 겁니다. 그리고 수익 대 손실의 비율은 자신이 경험을 통해 맞춰가야 하는 거죠. 주로 대부분의 책에서는 3:1을 추천합니다.

제가 왜 처음부터 투자에서 가장 중요한 건 마인드고 그 다음이 자금관리며, 마지막이 분석이라고 했는지 이제는 이해하셔야 합니다. 분석을 잘해서 시세를 잘 예측하는 건 미덕이지만 그것만으로 주식판의 승자가 될 수 없습니다. 물론 나쁠 건 없습니다.

하지만 그 반대로, 분석은 잘못해도 베팅의 방법을 아는 사람은 장기적으로 승자가 됩니다. 그런데 이 베팅을 잘하기 위해서는 —경험을 해본 사람만이 이해하겠지만— 자기자신을 극복하는 가장 어렵고도 힘든 과정이 기다리고 있습니다. 그래서 마인드가 가장 중요한 겁니다.

포커와 주식이 비슷하다고 앞에서 말씀 드렸는데, 기회가 되시면 포커 고수분에게 비결을 여쭤보세요. 아마도… 아마도 분명히 그 고수는 "기다릴 줄 알아야 한다"라고 귀띔할 겁니다.

자기에게 좋은 패가 올 때까지 작게 잃어줄 줄 아는 사람이 고수입니다. 그리고 진정한 포커의 고수는 이긴 판을 반드시 지켜냅니다. 이긴 게임을 끝에서 역전당하는 실수를 범하지 않아요. 이기는 게임은 반드시 크게 먹고 이깁니다.

트레이딩의 비법도 마찬가지에요. 이길 때가 있으면 질 때도 있는 법입니다. 하지만 질 때는 웅크리고 있으세요. 여기서 오링되어 버리면 게임을 더 이상 할 수가 없잖아요.

자기 손에 개패를 쥐고서도 겁도 없이 호기를 부리다가는 패가망신하는 것이 모든 도박판의 헌법입니다. 자기 손에 어떤 패가 들어오는지는 자기 통제권 밖입니다. 마찬가지로 시장은 자기가 어찌할 수 없는 겁니다. 내가 오르라 오르라 사정한다고 해서 올라주는 것도 아니고, 내려라 내려라 애걸복걸한다고 해서 내려주는 것도 아니죠. 시장은 제 갈 길을 갑니다. 시장은 어찌 보면 포커의 패와 같습니다.

2007년 이후 하락장이 시작되었는데도 웅크릴줄 모르고 계속 현물로 매수 플레이를 했다면 2009년 들어 드디어 바닥을 쳤을 때 이미 밑천이 몽땅 사라졌을 겁니다. 반면 손실이 날 때 물타기를 하는 것이 아니라 도리어 베팅머니를 줄이면서 기다리고 또 기다리며 시장에서 살아남았던 투자자들은 2008년 말과 2009년 초의 대박 장세에서 도리어 베팅머니를 공격적으로 키웠을 것이고 2년 동안의 한을 일거에 풀었을 겁니다. 여러분이 핵심을 알아차렸으면 좋겠습니다.

Power Message

시세의 흐름을 읽는 것만큼이나 베팅을 조절하는 것이 중요하다. 많은 사람들이 이를 간과하고 있다. 가장 이상적인 베팅 방법은 자신이 가진 자본의 일정 비율을 베팅하는 것이다. 이 방법을 취하면 돈을 잃는 구간에서는 베팅머니가 줄어들고 돈을 버는 구간에서는 베팅머니가 늘어나 복리 효과가 나타난다.

수비의 기술

홈런을 빵빵 치는 것보다 더 중요한 것

PROFESSIONAL TRADING

개투 여러분~~~ 고수들에게 어떻게 해야 돈을 버냐고 물어보세요. 제가 장담컨대 그들은 백이면 백 단호하게 손절매 잘하라고 답할 겁니다. 손절을 워낙 많이들 강조하기 때문에 이제는 그 의미가 거의 퇴색될 정도입니다. 진부하죠. 그래서 뭔가 다른 비법이 없을까 기웃거리지만… 그런 거 절대 없습니다.

손절매에 대해서는 논란이 분분합니다. 손절매를 하는 것이 옳다는 사람과 손절매는 잦은 매매만 부추긴다는 사람.

사실 어느 쪽이나 나름대로의 논리가 있지만 저는 트레이더라면 손절매를 잘해야 한다고 생각하는 측입니다. 저는 손절매를 일종의 수비술이라고 생각합니다.

주식은 야구랑 비슷합니다. 공격도 잘해야 하지만 수비도 잘해야 합니다. 아무리 홈런을 빵빵 날려본들 매회마다 점수가 술술

새나가면 시합을 이길 수 없죠.

많은 개투들이 공격술에는 엄청나게 신경을 쓰면서 수비술은 그저 '손실이 커지면 끊는다' 정도로만 인식하고 마는 경우가 많습니다. 그런데 초보 개투일수록 먼저 연습해야 하는 것이 수비술입니다. 자기 몸을 지킬 줄 알아야 적을 공격할 수 있는 것 아니겠습니까.

초보 개투님들! 고수들에게 질문을 할 때 "어떻게 해야 폭등주를 고를 수 있습니까?"라고 묻지 마세요. 그럼 맘씨 좋은 고수는 그저 웃음을 머금다가 "추세를 따르라"라고 한마디 던지고는 휙 사라질 것이고, 맘씨 더러운 고수는 "X발, 그런 방법을 알면 왜 니한테 가르쳐주냐? 내가 먹지!"라고 대꾸할 겁니다.

원하는 답이 안 나오면 질문을 바꿔야 합니다. 이렇게요. "고수님! 어떻게 해야 폭락주를 피할 수 있습니까?" 혹은 "저는 이번에 X됐습니다. 어떻게 해야 다시 X되는 걸 피할 수 있을지 제발 가르쳐주십시오!"라고 말이죠. 그럼 고수들은 갑자기 해줄 말이 무척 많아질 겁니다.

그러면 수비술에 대해 알아보도록 하겠습니다. 거대한 원칙 몇 개를 먼저 소개하고 세부적인 기술을 언급할게요.

원칙 1. 자신이 가진 총자본의 10% 이상 거래하지 않는다.
원칙 2. 시장과 절대로 반대로 거래하지 않는다.
원칙 3. 베팅에 들어가기 전마다 스스로에게 질문한다. "현재의 추세는 무엇인가?"

만일 여러분이 위의 세 가지 원칙만 철저하게 지킨다면 절대로 주식을

해서 쪽박 차지 않습니다. 쪽박 차기도 힘들죠. 근데 제 경험상… 원칙 2
와 3은 조금 연습하면 지킬 수 있으나 원칙 1은 상당한 경지에 이르기까
지 지키기 힘듭니다. 초보 개투일수록 베팅하지 말아야 할 자리에서 전
재산을 가지고 미수 몰빵을 합니다. 왜 그렇게 하냐고요? 그만큼 자기자
신을 통제하지 못하는 거죠. 정확하게는 자기자신의 욕심을… 본능적 심
리를….

이제 손절매에 대해 집중적으로 살펴보도록 하죠.

손절매는 다양하게 정의될 수 있지만 저는 이렇게 정의하기를 좋아합
니다.

손절매란 "자신의 오판단을 인정하여 보유 포지션을 청산하
는 행위"이다.

자신의 판단이 틀렸을 때는 그것을 솔직하게 인정하세요. 승부사라면
패배를 인정할 줄 알아야 해요. 자신의 잘못을 인정하면 그 다음에 극복
해야 할 난관은 이미 손실을 보고 있는 상태로 포지션을 끊어낼 때 내장
이 뒤틀리는 기분을 참아낼 수 있어야 한다는 것입니다. 고통도 참으면
쾌락이 된다고 하나요? 어불성설의 말일지 몰라도 어쨌든 고수의 경지에
까지 이르려면 내장이 너덜너덜해져야 합니다. 그때쯤 되면 더 이상 뒤틀
릴 내장도 없어서 휘파람 불면서 손절매할 수 있습니다.

손절매는 어찌 보면 다양한 청산 기술의 한 가지입니다. 포지션은 진입
하는 것보다 청산하는 것이 더 어렵다는 말이 있죠? 수익이 난다면 얼마
에 만족해야 하고, 손실을 본다면 과연 그것을 인정할 것인가, 더 기다려
볼 것인가의 선택을 해야 하기 때문입니다. 반면 진입은 그보다 훨씬 고

뇌가 적습니다.

청산의 기법에 대해 우선 간단하게 살펴보겠습니다.

단순 손실 컷 simple loss cut

손실 자체의 확대 가능성을 없애기 위해 손실을 불문하고 포지션을 정리하는 행위입니다. 가장 일반적인 손절매의 개념이자 대부분의 개미들이 가지고 있는 유일한 개념이기도 하죠.

본전 컷 breakeven cut

포지션에 진입 후 어느 정도 평가수익이 발생하면 그때부터는 본전 가격에 청산 주문을 넣어두는 겁니다. 이렇게 되면 이때부터 손실 가능성 자체가 사라집니다.

일반적으로 포지션에 처음 진입할 때는 손절매 주문을 걸어뒀다가 어느 정도 평가수익의 분기점을 지나면 손절매 주문을 본전 주문으로 바꿔서 걸어두는 것을 많은 트레이더들이 권유합니다.

트레일링 이익 컷 trailing profit cut

수익을 보존하는 기술입니다. 달리는 시세는 더 빨리 달리지 못하면 반락하기 마련이죠. 주로 파라볼릭 SAR이라는 지표를 이용해 주가가 이 지표와 만나는 시점에서 포지션 청산을 합니다.

타임 컷 time cut

원하는 추세가 주어진 시간 안에 나오지 않으면 이익이나 손실을 불문하고 포지션을 정리하는 행위입니다. 대개 고수와 하수의 가장 극명한 차이가 타임 컷을 할줄 아느냐에서 나타납니다. 고수는 시장에 대한 막연한 희망을 가지고 있지 않기 때문에 자신의 예측이 빗나갔다고 생각하는 즉시 미련 없이 포지션을 정리하는데 능숙합니다.

이처럼 수비술은 그것 자체로 하나의 중요한 매매 기술입니다. 이에 대해 개념조차 없는 개미들이 주식판에서 돈 벌자고 바글바글 들어와 있으니 잘 되겠습니까? 그러니 제발 수비술에 신경 쓰세요! 공격만 잘하려고 하지 말고!

Power Message

손절매란 자신의 오판단을 인정하여 보유 포지션을 청산하는 행위로 정의할 수 있으며 중요한 수비의 기술이다. 청산의 기법에는 단순 손실 컷, 본전 컷, 트레일링 이익 컷, 타임 컷 등이 있다.

투자할 때와 쉴 때를 알아야 한다

PROFESSIONAL TRADING

고수가 돈을 버는 것이 아니라 돈을 버는 사람이 고수다라는 말이 있습니다. 또 한때 돈을 벌었다 할지라도 마지막에 돈을 잃고 퇴출당하는 사람은 하수고, 한때 돈을 잃었다 할지라도 마지막에 돈을 따고 판을 떠나는 사람은 고수입니다. 그러니 개투들에게 한 가지 위안이 되는 말은, 현재 돈을 잃고 있다 하더라도 너무 실망하지 말라는 것입니다. 언젠가 돈을 벌어 이 미친 도박판을 떠날 수 있다면, 그 사람이 승자입니다.

주식판에서는 돈 벌면 장땡입니다. 어느 분의 말씀처럼 저점매수, 고점매도해서 돈 따도 되고, 고점매수하여 더 고점에서 팔아 돈 따도 되며, 가치투자, 장기투자해서 돈 따도 되고, 최첨단 컴퓨터 프로그램으로 차익거래를 해서 돈 따도 됩니다. 여러분이 이 판에 들어온 유일한 목적은 돈을 따기 위한 것이고, 돈만 따면 끝입니다.

그러나 사람들이 범하는 가장 큰 인식의 오류 중 하나는 돈을 땄을 때는 자기가 잘나서 딴 것이고, 돈을 잃었을 때는 시장이 X 같아서라든지, 운이 없었다라든지, 실수를 했다든지 등의 온갖 핑계를 대는 겁니다.

상승장에서는 웬만한 기법은 모두 돈을 벌어다줍니다. 매수 후 보유 전략도 돈을 벌어다주고, 단순한 이평선 크로스 전략도 돈을 벌어다주며, 신고가 경신 전략도 돈을 벌어다주며, 단순히 떨어질 때 사서 올랐을 때 팔아도 돈을 벌 수 있습니다. 그런데 사람들은 이러한 시기에 돈을 번 것을 자기자신의 훌륭한 판단이나 기법 혹은 공식 덕분이라고 착각합니다.

제아무리 기법이 훌륭해도 시세가 올라주지 않는다면 어떻게 돈을 벌겠습니까? 그러니 기법이 중요한 것이 아니라 때가 중요한 것입니다. 주식을 사야 할 때가 있고, 팔아야 할 때가 있으며 변동성 매수를 해야 할 때가 있고 매도를 해야 할 때가 있는 법입니다.

만일 진정한 투자의 기법이라는 것이 존재한다면, 그것은 언제 투자를 해야 하고 언제 쉬어야 하는가를 알려주어야 할 것입니다. 언제 매수하고 매도하는지를 알려주는 기법은 하수의 기법입니다.

시장에 만년 남아 있는 사람은 결국 번 돈을 모조리 까먹게 되어 있습니다. 쉴 때는 쉬어야 하며 혹은 자신의 투자기법을 시장에 맞도록 바꿔야 합니다. 개별 테마주 투자로 대박을 터뜨린 사람이 대형주 장세가 왔는데도 테마주 사냥을 다닌다면 소외될 것이고, 폭락장에서 대박을 터뜨린 풋쟁이가 상승장이 왔는데도 풋을 고집하면 깡통을 찰 것입니다.

이러한 때를 파악하기 위해서 우리가 온 신경을 집중해서 알아내야 하는 것은 바로 현재 시장이 상승세에 있는가 하락세에 있는가 혹은 횡보장에 있는가, 변동성 증가 국면에 있는가 하락 국면에 있는가 등입니다. 이 모든 것을 아우르는 가장 핵심 주제는 바로 세력의 자본이 집중되고 있는 가 흩어지고 있는가, 집중되고 있다면 어느 시장의 어느 섹터, 그리고 어느 종목으로 집중되고 있는가를 알아내는 것입니다.

세력의 자본은 결코 하루이틀 집중되다가 흩어지지 않으며, 대중이 물량을 받아줄 여력이 생길 만큼 시중에 돈이 모이면, 가장 강하게 바닥을 탈출하여 상상도 못할 만큼의 기염을 토하는 법입니다. 큰 흐름의 반대편에 선 사람은 이러한 흐름 속에서 조금이라도 동정이나 자비를 바라다가는 아까운 목숨을 잃게 될 것입니다. 대신 이러한 자본의 큰 흐름과 같은 편에 선 사람은, 이 흐름이 끝나갈 무렵에는 큰 부자가 되어 있을 것입니다.

조막손 세력을 상대하느라 횡보장이나 하락장에서 진땀을 빼면 결국 여러분의 그릇 또한 그들만큼 작아지게 마련이죠. 호랑이가 없어서 여우가 설칠 때는 정글에서 후다닥 빠져 나오세요.

호랑이가 다시 컴백했을 때 호랑이들이 공격하는 먹잇감에 편승하는 것이 추세추종의 골자입니다. 호랑이가 나타나지 않을 때는 지루하고 심심하더라도 꾸욱 참고 기다리세요. 조급함은 투자자의 가장 큰 적이랍니다.

Power Message

고수와 하수를 가르는 핵심적인 기준은 언제 사고 파느냐를 아는 것이라기보다는 언제 투자하고 언제 쉬어야 하는가를 아는 것이다. 그만큼 시장 상황이 좋지 않을 때는 쉬는 것이 훌륭한 트레이딩의 일부분이라는 것을 잊지 말아야 한다.

시장이 가는 대로 쫓아가라

매매비법에 대한 환상

고수를 찾아 헤매지 마라

PROFESSIONAL TRADING

■　　　많은 사람들이 비법을 배우기 위해 고수를 찾아다니죠. 그래서인지 흔히 주식시장을 무림(武林)에 빗대어 주림(株林)이라고도 부릅니다. 그러나 제가 볼 때 개투들에게 있어서 가장 큰 독이 되는 것은 바로 이와 같은 비법에 대한 환상입니다. 그것은 말 그대로 환상일 뿐입니다.

거래를 할 때마다 돈을 벌 수 있는 비법이 있다고 한다면, 그 비법을 아는 사람은 전세계의 부를 모두 끌어모을 수 있을 것입니다. 그런데 우리가 아는 한 주식을 통해서 가장 큰 부를 축적한 사람은 워렌 버핏이라는 할아버지고, 그 사람이 주식으로 돈을 번 방식은 단기적인 시세를 예측한 것과는 큰 거리가 있죠?

그런데 왜 유독 우리나라에서는 이처럼 '고수'와 '비법'에 대한 환상이 끊이지 않는 걸까요?

불치병으로 고통 받고 있는 환자에게 헛된 완치의 환상을 심어주는 돌팔이처럼 주식판에서도 '자칭 고수'들이 무더기로 나타나 개미들을 현혹시키고 엉터리 비법을 팔아먹기도 합니다. 거래를 할 때마다 돈을 벌 수 있는 비법이란 존재하지 않으며 그런 비법을 가지고 있는 고수 또한 존재하지 않습니다. 절대! 그러니 제발 정신 차리세요! 시세는 완벽하게 예측할 수는 없는 것입니다.

여러분이 이러한 헛된 비법에 대한 환상을 버리는 순간 수익이 나는 비법은 아주 가까운 곳에 있었음을 깨닫게 됩니다. 일종의 아이러니죠.

저는 이 책을 통해 장기간에 걸쳐 부를 얻는 비법을 여러분께 알려드리고 있습니다. 그 비법은 알고 보면 그다지 복잡한 것이 아니랍니다. 그 '비법'이란 그저 시장이 가는 대로 쫓아가는 것뿐입니다. 그러면 돈을 벌까요? 아닙니다. 이러한 방법이 단기적으로 꼭 수익을 안겨주는 것은 아닙니다. 추세추종을 하다 보면 횡보장에서 여러 차례 역사이클에 걸리기도 합니다.

요지는 장기적인 승리를 위해 단기적인 손실을 감내할 수 있는가입니다. 포커 고수들이 말하듯 "작게 잃어주고 크게 딸 수 있는가"와 "큰 판이 올 때까지 오링되지 않고 기다릴 수 있는가"가 주식판에서 승자로 살아남을 수 있는가를 결정합니다.

추세추종이 실패하게 된다면 그것은 크게 두 가지 이유에 기인합니다.
① 규칙을 지키지 않았다.
② 큰 추세가 발생하지 않는 장기 침체된 시장에서 지속적으로 거래를 했다.

②를 피하기 위해 저는 여러분이 특정한 종목을 선정하려고 노력하기보다는 인덱스 자체를 거래하는 것을 추천합니다. 개별 종목은 추세 발생이 드문드문하고 불안정하죠. 반면 인덱스 자체는 언제나 주기적인 추세를 발생시키는 것이 역사적으로 증명된 사실이기 때문이죠.

인덱스를 거래하는 방법은 주가지수 선물을 거래하는 것이 한 방법이고, 선물의 레버리지가 부담스러운 트레이더는 비록 매도 진입의 옵션이 사라지기는 하지만 KODEX200과 같은 ETF 종목을 거래하는 것이 대안이 될 것입니다.

대박 종목을 가려내려고 노력하지 마세요. 다 헛된 일입니다.

여러분은 시장의 움직임으로부터 이득을 취할 수는 있지만 절대로 장기간에 걸쳐 시장을 이기지는 못합니다. 이 또한 과학적인 방법론을 통해 증명된 사실입니다. 전통 투자이론을 공부한 사람이라면 누구나 아는 사실이고요!

일단 거래할 시장이나 종목을 선정한 후에는 매수와 매도에 대한 명확하고도 구체적인 자신의 규칙을 만드세요. 그리고 그러한 규칙을 과거 차트를 통해 시뮬레이션해보고 그 성과가 믿을 만할 경우에만 실전에 적용하게 됩니다.

매매 규칙을 시장에 적용해나가면서도 여러분은 스스로의 성과를 주기적으로 기록해야 합니다. 그리고 그러한 객관적인 성과를 바탕으로 전략을 수정하든가 아니면 계속 밀고 나가야 합니다.

매매에 성공하기에 앞서 데이터와 통계를 기반으로 확률적인 사고를 하는 습관을 기르세요. 훌륭한 트레이더는 장중에는 기계이고, 전략과 성과를 검토하는 순간에는 과학자가 되며, 새로운 전략을 수립할 때는 창의적인 예술가가 됩니다.

어쨌거나 재야 고수들을 찾아다니고 비법을 얻기 위해 헤매는 행동은 오늘부터 당장 그만두시고 과학적으로 사고하는 방법을 배우기를 바랍니다.

Power Message

늘 수익을 내는 비법은 존재하지 않는다. 비법에 대한 환상을 버리고 시장 원리에 근거한 현실적인 전략을 장기적으로 꾸준히 추구할 때 비로소 수익이 조금씩 쌓이게 된다. 바로 그것이 비법이라면 비법인 것이다.

좋은 기법의 조건

단순할수록 좋다

PROFESSIONAL TRADING

■   훌륭한 트레이더는 장이 시작되기 전에 대략적인 전략을 미리 짜두고, 장중에는 그 전략을 기계적으로 시행하는 데만 초점을 맞춥니다. 이러한 전략의 토대가 되는 것이 바로 분석 기법이죠.

여기에서 질문을 던지지 않을 수 없습니다. "그렇다면 좋은 기법이란 무엇인가?" 안타깝게도 여기에 대한 명확한 답은 없습니다. 다만 가능하다면 단순한 기법일수록 좋습니다. 모난 돌이 정 맞는다고 하죠. 세부적이고 구체적인 기법은 금방 깨집니다.

재미있는 얘기를 하나 해봅시다.

어느 날 입신의 경지에 다다른 주신9999라는 초고수가 다음과 같은 매매기법을 발견했습니다.

3일선이 5일선을 터치하고 올라가는 찰나에 일봉이 3% 이상 급등할 때 매수하면 반드시 먹는다.

실제로 이런 기법으로 주신9999는 9999억원을 벌었다고 가정해보죠.
자, 이제 이 기법이 책으로 나와 모든 개투들에게 퍼져나갔습니다. 주신
9999는 개투들의 신이 되고 MBS-TV 〈개투들의 쩐의 투쟁〉이라는 프로
에 출현해 자신의 기법에 대해 자세히 들려줍니다. 전국에 흩어져 있는
모든 개투들이 눈물을 흘리며 그 프로를 시청하고 자신도 주신9999처럼
되겠다는 열망으로 차트 분석을 시작합니다.

그리고 그 다음날 장이 열리고, 3일선이 5일선을 터치하고 올라가는 찰
나에 일봉이 3% 이상 급등한 종목이 출현합니다. 바로 이때 전국에 흩어
져 있는 500만 명의 개투들이 일시에 매수 주문을 넣습니다.

와우~ 시세는 폭등을 합니다. 1.5초만에 상한가를 쳐버립니다. 물론
이 시세를 먹은 개투는 제일 클릭질을 빨리 한 개투고 나머지 개투들은
"젠장… 역시 주신9999님이 맞았어! 좀만 더 빨리 매수할 걸!"하면서 손
가락을 빨며 분개합니다. 주신9999는 더 유명해집니다.

이런 일이 반복됩니다. 어느 날 돈 많은 똑똑한 사람이 생각합니다.

3일선이 5일선을 터치하고 올라가는 찰나에 일봉이 3% 이상 급등하기
만 하면 개투들이 달려든단 말이지. ㅋㅋㅋㅋㅋㅋ 좋아 좋아. 그렇다면
내가 미리 물량을 매집해둔 다음에 그 패턴만 만들어주면 개투들이 벌떼
처럼 달려들 거 아닌가!

이제 주신9999의 급등 패턴은 누군가에게는 개투를 낚을 수 있는 미끼

가 됩니다. 지어낸 얘기는 여기까지!

물론 이런 가상의 스토리가 일어날 가능성은 거의 없죠. 제가 말씀드리고 싶은 건 기법이 더 세부적이고 구체적일수록 그건 결국 잘 안 맞게 된다는 겁니다.

시장에서 한 가지 변하지 않는 것은 시장이 늘 추세를 만든다는 것입니다. 하지만 그 추세가 어떻게 시작되는지 예측할 수 있는 구체적인 비법은 없답니다. 그런 게 있다면 모두들 돈을 왕창 벌었겠죠!

그렇기 때문에 성공하는 트레이더는 자신의 기법을 지나치게 세부화시키거나 구체화시키지 않습니다. 이평선 정배열이면 정배열이지 '꽈배기를 만들었다가 거래량이 50% 상승한 시점에서 정배열이 벌어지는 초입'이라는 식으로 생각하지는 않죠.

시장은 기계도 아니고 컴퓨터도 아닙니다. 시장은 인간들이 득시글거리면서 형성되기 때문에 디지털이 아니라 아날로그이고 오류도 많이 나고 말도 잘 안 듣는 꼴통 중의 꼴통입니다.

이런 꼴통을 상대로 아주 구체적이고 세부적인 기법을 만드는 것과 아주 흐릿하면서도 포괄적인 기법을 만드는 것이 얼마나 차이가 날까요?

더 많은 구체적 정보, 더 자세한 분석, 이런 것들은 우리의 판단을 향상시켜줄 수 있을 때나 효과적인 거랍니다. 그런데 트레이딩은 어차피 클릭질을 하느냐 마느냐라는 이진 출력 함수입니다.

그러니까 우리의 클릭질을 결정하는 요인이 다양하면 다양할수록 우리 뇌는 더 많은 계산을 하게 되고 만약 상충하는 정보가 있으면 머리에서 모락모락 열이 나다가 오류가 나버려 갑자기 전재산 미수 몰빵이라는 미친 행동을 하게 됩니다. 그야말로 미친 짓이죠.

우리가 세부적이고 정밀하게 다듬어야 하는 것은 분석 기법이 아니라 바로 매매전략입니다.

매매전략은 아주 구체적이어야 해요. 왜냐? 그래야 자기자신에게 쓸데 없이 변명을 하거나 합리화시키지 않고 철저하게 손절매를 시행하거나 수익을 보존할 수 있기 때문이죠. 즉, 구체적인 전략은 투자자가 냉정하게 장에 대처하기 위해 필요한 것이지, 20일선 뚫을 때 진입하는 전략보다 15일선 뚫을 때, 혹은 22.5일선 뚫을 때 진입하는 전략이 더 좋거나 나쁘기 때문이 아닙니다. 아무 의미 없는 짓입니다.

시장은 마치 비 오는 날 흐릿한 창문을 통해 밖을 내다보는 것처럼 바라봐야 합니다. 지나치게 세부적인 것에 목매달기보다는 바로 큰 파동의 추세, 그게 어디로 향하고 있는가! 라는 점을 늘 생각해야 하고, 잔파동으로 인한 손실, 손절매… 이런 것에 대해서는 관대해야 하는 겁니다. 관대! 그딴 것, 큰 파동 하나 먹으면 그동안 잃었던 것 다 만회됩니다.

이건 제 경험입니다.

한번은 일주일 동안 매일매일 손절매를 한 적이 있습니다. 지금껏 있었던 가장 긴 연속 손실일수였기 때문에 아직도 기억이 생생합니다. 아무리 베테랑 트레이더라고 해도 사실 손실 보고 해피한 사람은 아무도 없죠. 손절도 너무 많이 하다보니 손실액이 2000만원을 넘어섰고, 동생들 앞에서는 여유롭게 웃었지만 저는 조금씩 머리에서 열이 나기 시작할 시점이었죠.

왜 이렇게 손절매를 많이 했냐? 박스권에서 계속 역사이클을 타다보면 그렇게 되죠. 한마디로 시장이 "너 그동안 돈 마이 묵었으니까 이제 엿 좀 묵어라!"라 했던 겁니다. 딱히 다른 이유는 없습니다. 그래서 엿 많이 먹었습니다.

하지만 저는 추세추종 철학을 포기하지 않았고, 그 다음 주에 또 다시 박스권 돌파 조짐이 있자 "니가 이기나 내가 이기나 끝까지 해보자"라며 죽기살기로 달려들었습니다. 그런데 이번에는 진짜 돌파가 일어났고 시세는 말 그대로 폭발해 버렸습니다. 저는 끝까지 따라가서 머리어깨형 패턴이 나왔을 때 처음으로 청산했고 시세가 그래도 무너지지 않고 다시 새로운 저항선을 돌파하자 또 다시 따라붙어서 또 며칠을 더 보유하여 몽땅 다 먹고 나왔죠.

참 아이러니한 건… 이때의 매매가 제가 기억하는 수익매매 중 가장 큰 수익을 낸 매매 중 하나였다는 겁니다. 제가 기억하는 가장 긴 연속 손실 일수 뒤에 따라온 가장 큰 수익매매 중 하나… 재미있죠?

저는 그래서 추세추종 철학에 대한 신뢰가 절대적입니다. 추세는 조만간에 언제나 시장에 나타납니다. 그 추세를 놓치지만 않으면 돈을 법니다. 진짭니다! 잔 손실을 인내하지 못하면 큰 수익을 낼 수 없고, 큰 수익을 내기 위해서는 추세 발생의 가능성에 용감하게 달려들어야 하는 거죠.

절대적인 폭등 신호라는 건 존재하지 않아요. 조금이라도 가능성이 있으면 리스크 관리 잘하면서 달려들어야 하고 만일 자기 생각대로 추세가 발생하면 그때는 트레일링 스톱 잘해야 하는 겁니다. 조금 먹고 배부르다고 하차해서는 안 되고 시장이 미치면 덩달아 미쳐야 하는 겁니다. 아셨죠?

제가 지나치게 단순화해서 말씀드린 감이 없지 않으나… 핵심은 이해하시죠? 너무 복잡하게 기법을 가져가지 말라는 겁니다. 매매는 많은 훈련과 경험을 요하는 것임은 분명하지만… 그렇다고 해서 아주 복잡한 것도 아니랍니다. 진리는 단순한 곳에 있습니다.

Power Message

매매 전략을 구체적으로 세워 실행하라. 다양한 해석이나 핑계를 댈 수 있는 여지를 만들어놓아서는 안 된다. 가능하다면 다양한 시나리오 별로 대응 전략을 세워놓는 습관을 기르자.

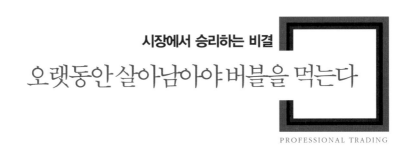

오랫동안 살아남아야 버블을 먹는다

PROFESSIONAL TRADING

팍스넷에서 저에게 쪽지를 보내주신 분들이 많습니다. 어렵게 표현한 부분들이 없지 않으나 제가 보기엔 까놓고 얘기해서 "어떻게 해야 돈 좀 먹을 수 있겠는가?"라는 똑같은 질문입니다.

어느 시대에나 마켓 리더들이 있었죠. 개미들을 꼬드기고 자기만 따라오면 돈을 벌 수 있다고 속였습니다. 지금도 여전히 많습니다. 그런 자들은 결국 역사의 뒤안길로 쓸쓸히 잊혀져갔고 곧 다시 새로운 리더가 등장해 다시 개미들을 등쳐먹었습니다.

개투 여러분….

다시 한 번 냉정히 생각하세요. 저는 한낱 범부입니다. 그러니까 저에게 너무 많은 기대는 하지 말아주시길 바랍니다. 그저 파생이라는 도박판의 짬밥을 10년이나 먹은 선배로서 후배들에게 조언이나 해줄 수 있기를 바랍니다. 저 또한 아직도 시장에서 많이 얻어터지지만… 그래도 제 밥

한 그릇 챙겨 먹을 방법은 찾은 한 사람으로서… 제 자신이 워낙 고생을 많이 해서 여기까지 온지라… 개투들의 이야기가 한때는 모두 다 제 얘기였고, 그렇기 때문에 각별한 맘을 느끼는 것일 뿐입니다.

자! 돈을 먹는 방법이 있냐고요?

그런 방법 없습니다. 돈을 쉽게 먹을 수 있는 구체적인 비법 같은 것은 애당초 존재하지 않았고, 현재도 없으며, 앞으로도 영원히 존재하지 않을 겁니다. 제가 장담합니다.

'X발… 그럼… 돈을 먹을 수 없단 말이냐?' 그건 아니죠. 만약 그렇다면 제가 왜 손가락 아프게 글을 쓰고 있겠습니까! 돈을 벌 수는 있으나 언제나 통하는 구체적인 방법은 없다는 말입니다. 이해하시겠습니까?

시장이 변하면 자기도 따라 변해야 합니다. 그러기에 시장을 늘 관찰하는 자가 시장을 가장 잘 알 수 있고, 시장을 가장 잘 아는 자가 돈을 가장 많이 버는 겁니다. 예를 들어보죠!

한동안 대형 우량주가 과도한 하락을 했을 때 단타로 베팅하여 20일선까지 반등했을 때 먹고 나오는 방법이 크게 유행했었습니다. 이것을 체계화하여 책을 펴낸 분도 있었죠. 소위 '엔벨로프envelope 기법'이라고 들어보셨을 겁니다. 이 기법이 개투들 사이에 퍼지고 얼마 되지 않아 2008년 10월의 대폭락이 펼쳐졌습니다. 결코 제 뇌리에서도 잊혀지지 않는 — CBNC.com의 표현을 빌리자면 — '금융 자유낙하' Financial freefall를 경험했지여. 그때 현물만 하는 개투들은 참 X 같았죠?

이미 그 이전부터 유행했던 '상따'나 '하따'는 이제 하수들도 한번씩은 시도해보는 기법이 되었고, 그럼으로써 그 유용성이 상당히… 상당히 줄어들었습니다.

시장은 살아 있는 생명체랍니다. 우리가 시장을 하나의 대상으로 놓고 고찰을 할 때 너무도 자주 놓치게 되는 사실 한 가지가 있는데 우리가 고찰하는 시장 속에는 바로 우리 자신이 포함되어 있다는 겁니다. 그러니까 Market이라는 놈을 잡아와 목판에 고정시켜 놓고 돋보기로 관찰을 하는데… 아니! 확대된 돋보기 속에 'Market을 돋보기로 관찰하고 있는 내 모습'이 보이는 겁니다. 우째 이런 일이! ㅋㅋㅋ.

시장을 움직이는 수많은 변수 중에 미약하게나마 자기자신이 포함되어 있고, 자신이 실력을 닦고 변화해나가는 동안 다른 사람들도 똑같이 그렇게 합니다. 시장은 이런 놈들의 집합체이니만큼 과거의 시장이 현재와 같을 수 없는 겁니다. 물론 역사는 반복되고 인간은 또 다시 같은 실수를 되풀이하고, 다시 X되고, 반성하고…그러다가 다시 X되는 과정을 밟죠. 이 와중에 무엇이 반복되는 사건이고 무엇이 고유한 사건인지를 판별하는 것은 쉽지 않습니다. 오직 경험만이 그것을 알려준답니다.

시장의 역사를 놓고 볼 때… 그러니까 아주 오랜 역사를 놓고 보는 겁니다. 한 가지 변하지 않고 반복되어 온 과정이 하나 있다면 그것은 버블의 탄생과 붕괴입니다. 하나의 버블이 가면 또 다른 버블이 탄생하고 결국은 다시 소멸합니다. 인간의 삶과 똑같죠? 시장은 주기적으로 버블을 만들어내고 다시 그것을 소멸시키고… 영락없이 우리 인간들의 인생과 다름이 없죠. 이것이 바로 시장의 진리입니다.

추세추종이란 바로 시세의 버블에 동참하는 겁니다. 아쉽게도 그 버블이 언제 발생할지는 모르지만… 시장에서 퇴출당하지 않고 살아남아 있다 보면, 그리고 결코 짧은 추세나마 절대로 역행하지 않으려는 자세로 끈질기게 추세만을 쫓다보면 분명 큰 버블에 동참할 수 있는 순간이 오게 되죠. 짠! 바로 그 순간 성공적인 투자자는 그 버블을 끝까지 먹습니다. 그리고 그 버블이 붕괴될 때쯤 그 개투는 신분 상승을 이룰 만큼 큰돈을 벌게 되는 것입니다. 부럽습니까? 부러워만 할 게 아닙니다.

몇 가지 역사적인 예를 살펴보겠습니다.

다음은 IMF로 인해 초토화된 증시 바닥에서 유동성이 풀리고 심리가 호전되면서 폭등세를 기록했던 SK텔레콤, KT, LG데이콤의 차트입니다.

◆ 15배 폭등한 SK텔레콤 주봉차트 ◆

※ 이 책에서 차트의 Y축 가격은 세미로그방식으로 표시했습니다.

◆ 10배 폭등한 KT 주봉차트 ◆

추세추종이란 이런 종목을 물면 절대로 놓지 않는 불독 근성입니다. 그것뿐입니다. 뭐 별다른 게 없습니다. 끝까지 함께 가는 겁니다. 그러려면 배짱이 강해야 하겠죠. 그리고 기본적으로 추세라는 것이 얼마나 강할 수 있는지에 대한 역사적 지식이 있어야 하는 겁니다. 이 지식이 없으면 위험합니다.

같은 기간에 버블 시세를 보여준 것은 국내 증시만이 아니었습니다. 뉴욕증시에서는 일찌감치 버블 논란이 끊이질 않았습니다. FRB의장 앨런 그린스펀Alan Greenspan 조차 시장이 '비이성적 과열Irrational exuberance'에 처해

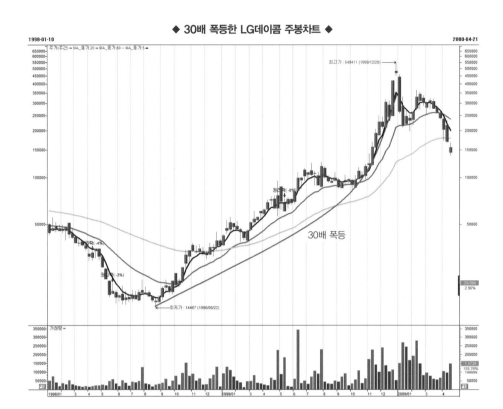

◆ 30배 폭등한 LG데이콤 주봉차트 ◆

30배 폭등

있다고 경고했습니다. 이러한 경고에도 불구하고 미 증시는 6000포인트를 뚫고 1997년에는 7000포인트, 1998년 말에는 9000포인트를 차례차례 함락시키며 올라갔습니다. 야! 대단합니다. 급기야 1999년 3월 16일 미국 다우지수는 1만 포인트를 돌파했습니다.

이러한 상승이 엄청나다고 느끼신다면 정말로 엄청난 상승이 무엇인지 아직 모르는 겁니다. 1990년대 다우지수가 250% 정도 상승했다면 나스닥 지수는 1000% 상승했습니다. 바로 신경제론의 확산에 따른 IT · 바이오 · 통신주들의 거침없는 상승에 의한 것이었습니다.

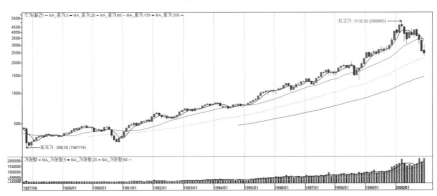

◆ 10년 동안의 장기상승을 보여주는 나스닥 월봉차트 ◆

위의 나스닥 차트에서 10년의 장기 상승 중에 20개월 이동평균선을 한 번도 붕괴시키지 않았던 엄청난 저력을 느끼시기 바랍니다. 무언가 느껴지는 게 있죠? 나스닥의 광풍은 전세계로 퍼져나가 글로벌 증시의 동반 폭등을 이끌어냈고 우리나라에서 또한 IT 버블을 양산해냈습니다.

정보 혁명과 뉴밀레니엄에 대한 기대감으로 TMT[Tech, Media, Telecom] 주들이 강력한 테마를 형성하며 하늘 높이 날아올랐습니다. 재미있는 것은 신경제 주식이 이렇게 날아오르는 동안 전통적인 산업에 해당하는 POSCO, 현대차, 국민은행(현재의 KB금융) 등의 구경제 주식은 상대적으로 소외되었습니다. 겨우 4~5배의 상승만을 보여주는데 그쳤죠.

이러한 주가 차별화 장세 속에서 코스닥 잡주들은 그야말로 미친 망아지마냥 날뛰었습니다. 1998년 저점 600포인트 근방을 기준으로 2000년 고점 2925포인트까지 무려 5배가 상승했습니다.

코스닥이 이렇게 날아오를 수 있었던 데는 IMF 이후의 시대적 분위기가 한몫 차지했습니다. 당시 정부는 IMF를 초래한 재벌 중심의 경제구조를 바꾸기 위해 적극적인 벤처기업 육성을 시도했습니다. 벤처기업이 주식시장에 상장되기 위한 등록요건이 완화되었으며 상장시키기만 하면 대주주는 대박을 터뜨릴 수 있었죠. 이 당시 '자고 나면 상한가' 라는 말이 나돌았던 것을 기억하실 겁니다.

IT 버블 얘기가 나오면 당시의 스타주 하나를 거론하지 않을 수 없죠. 여러분, 새롬기술이라고 기억하시나요? 현재는 솔본으로 이름이 바뀌었죠. 긴말은 필요 없고 아래 차트를 감상하고 넘어가시면 될 듯합니다.

최악의 비관적인 상황에서 미국의 나스닥 광풍과 국내 정책 방향, 그리고 10조원을 돌파한 고객 예탁금과 40조원 이상 증가한 주식형 펀드 잔고

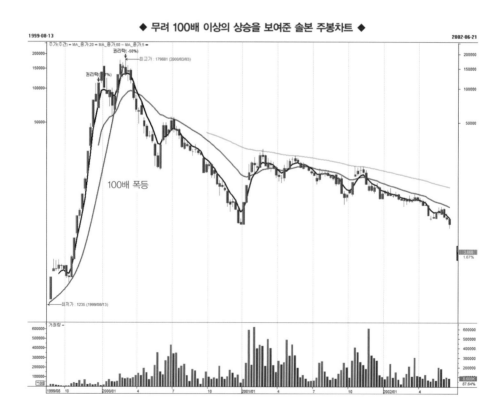

◆ 무려 100배 이상의 상승을 보여준 솔본 주봉차트 ◆

등의 유동성 팽창으로 증시는 그야말로 뻥!하고 폭발했던 것입니다.

우리 모두는 이런 버블을 학수고대하고 있는 겁니다. 안 그렇습니까?

그러나 이처럼 몇 년이 지속되는 슈퍼 버블이 아니라 할지라도 시장은 프랙탈 같은 성질이 있답니다. 뭔가 하면, 슈퍼 버블 속에는 그보다 작은 버블이 있고, 그 작은 버블 속에는 더 작은 버블이 있어서 레버리지를 영리하게 활용한다면 그 작은 버블만 먹어도 큰 부를 이룰 수 있는 기회는 생각보다 자주 돌아온다는 것입니다. 이것이 바로 단타 트레이더들이 노리는 바입니다.

이럴진대… 각종 기술적 지표를 가지고 언제 사야 하는가를 묻는다면 저는 할 말이 없습니다. 물론 현재 제가 즐겨 사용하는 방법을 알려드릴 수는 있으나… 일주일 후, 저는 이미 그 방법을 버리고 다른 방법을 사용하고 있을지도 모르는 일입니다. 이 글의 핵심을 이해하셔야 이어지는 글도 이해하실 수 있으니 정신을 바짝 차리시기 바랍니다.

Power Message

시장을 움직이는 요인에는 미약하지만 자기자신이 포함되어 있다. 따라서 시장의 역사는 완전히 똑같이 반복될 수 없으며 100% 들어맞는 기법 같은 것도 존재하지 않는다. 그러나 시장의 역사에서 반복되는 것이 있기는 하다. 그것은 버블의 발생과 붕괴이다. 이러한 버블에 동참하기 위해 오래 살아남는 것이 시장에서 승리하는 비결이다.

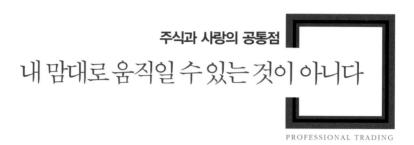

주식과 사랑의 공통점

내 맘대로 움직일 수 있는 것이 아니다

PROFESSIONAL TRADING

시장은 주식을 보유한 주체가 누구인지 상관하지 않습니다. 누가 주식을 보유했든 주가가 오르면 보유자는 돈을 벌고, 내리면 잃습니다. 그뿐입니다. 달리 표현하자면 시장이 움직여줘야 돈이 들어오든 나가든 합니다. 그런데 우리가 시장을 움직일 수 있는 방법은 어디에도 없습니다. 우리는 시장 앞에서 철저하게 무력하기만 합니다.

한 가지 비유를 들자면 투자자는 돛단배와 같다고나 할까요. 그저 물살이 흐르는 대로 흘러갈 뿐, 우리가 돛단배를 원하는 곳으로 이동시킬 수는 없습니다. 그런데 어리석은 사람들은 자신이 단기적인 물살의 흐름을 예측할 수 있다고 여기거나 물살 자체를 움직일 수 있다고 떠벌입니다. 거대한 바다 위의 돛단배에 불과한 인생들의 야망 치고는 지나치다 하지 않을 수 없죠.

시장을 한 걸음 떨어져 관찰해보면, 바닷물에 밀물과 썰물이 있고, 풍랑이 치는 때가 있으면 잠잠할 때가 있듯이, 시장에도 조류가 있습니다. 조류는 한 방향으로 장기간 지속되는 경향이 있고, 추세추종은 그 조류를 타고 그저 흘러가는 방법일 뿐입니다.

추세추종은 말 그대로 '추종'일 뿐 '창조'가 아닙니다. 추세추종은 열심히 노를 저어 물살의 흐름을 만드는 행위가 아닙니다. 추세추종은 조류를 파악해 방향타를 정해놓으면 조류가 바뀔 때까지 그저 가만히 있는 것이지요.

수영을 해본 사람들은 잘 아시겠지만 초보자들이 하는 가장 큰 실수는 물에 뜨려고 안간힘을 쓴다는 겁니다. 그런데 사실 몸에 힘을 빼고 가만히 있으면 몸은 물에 뜨게 되어 있습니다. 몸이 물에 뜨는 이유는 몸이 잘나서가 아니라 부력의 성질 때문입니다. 그런데 부력 때문에 몸이 뜨는 것을 자신이 허우적대서 뜬다고 착각하고, 폭포 밑에 있으면서도 어떻게 해서든 기어 올라가려고 용을 쓰는 것이 개미들의 모습입니다.

물론 추세추종이 매수 후 그저 가만히 있는 것은 아닙니다. 뛰어난 수영 선수들은 불필요한 움직임은 최대한 제한하면서 물의 성질을 이용해 가장 빨리 나아가는데 초점을 맞춥니다. 수영 선수들이 가장 중요시하는 것 중의 하나는 물살의 저항을 최소화시키는 유선형 자세라고 합니다. 뛰어난 추세추종자도 마찬가지이죠. 불필요한 매매를 최대한 제한하면서 시장의 움직임을 이용해서 수익을 냅니다. 그리고 시장의 저항을 최소화시키는 태도를 취합니다.

이 말은 시장의 움직임이 없다면 돈을 벌 수 없고, 시장이 움직이더라도 반대 방향으로 향하면 그나마 있는 돈도 까먹는다는 겁니다. 그런데 어느 경우나 시장이 움직이는 것 이상으로 돈을 벌 수는 없는 법입니다. 그래서 단기적으로 시장 초과 수익을 얻겠다는 노력은 헛되다는 것이죠.

물론 추세추종은 장기적으로는 시장을 이깁니다. 시장의 한 사이클이 완성되는 동안 매수 후 보유자는 가만히 있지만 추세추종자는 한 번씩 방향타를 전환해줍니다. 바로 방향타를 한 번씩 전환해주는 아주 단순한 행위가 모든 것을 바꾸는 것이랍니다.

시장의 큰 조류 속에서 작은 구간 하나라도 확실하게 먹는 것을 목표로 하면서 조류를 거슬러 매매하지 않으면 장기적으로 승자가 됩니다. 혹자는 "그렇다면 큰 조류를 어떻게 파악하라는 것이냐?"라고 딴지를 걸어올 것입니다. 이런 질문까지 나오면 저는 할 말이 없겠죠? 장기 차트를 보면 조류를 파악하는 것은 생각보다 쉽습니다. 그 조류에 따라 매매하는 것이 어려울 뿐이죠.

그렇다면 이제 추세란 과연 무엇이고 어떤 경위로 발생하는가를 살펴보려 합니다.

한 가지 엉뚱하지만 재미있는 질문으로 이 문제에 접근해보기로 하겠습니다. 팍스넷 인터넷 게시판에서 저처럼 주기적으로 글을 쓰는 사람의 아이디를 하나만 골라서 그 글들의 시기적인 분포를 조사해보면 어떤 특징이 나타날까요? 미녀53의 과거 글을 조사해보면 그 글들의 시간 간격이라던가, 글의 길이의 주기적인 변화라던가 하는 어떤 패턴이 나옵니다. 이런 분석을 주가 차트에 대해 행할 때 이를 '기술적 분석'이라고 부릅니다.

그런데 만약 어떤 누군가가 이 게시판에 "미녀53의 글에는 이러이러한 패턴이 있다. 따라서 내일 10시 반에 이 게시판에 글이 올라올 것이다!"라고 쓴 것을 제가 읽었다고 하겠습니다. 그럼 저는 괜히 반발 심리가 생겨 글을 안 써버릴 수도 있겠죠.

실제로 제가 글을 쓰는 주기를 정확히 예측하는 비법 같은 것은 존재하지 않아요. 그렇지 않습니까? 시장 메이저들이 큰 물량을 한 번씩 쏴줄 때마다 주가는 펑펑 오르거나 내립니다. 그런데 그들이 정확히 얼마간의 주기로 매번 얼마만큼의 금액으로 쏘는지를 정확하게 예측할 수 있는 방법은 없어요.

다만 한 가지 말할 수 있는 건 미녀53이 쓴 글들이 시기적으로 서로 뭉쳐 나타나는 경향이 있는 것처럼 메이저들이 한 방향으로 주문을 쏘는 것도 시기적으로 뭉쳐 있다는 정도죠. 바로 그걸 추세라고 합니다.

그렇다면 이제 미녀53이 글을 쓰는 날에는 돈을 100원 벌고 안 쓰는 날에는 100원 잃는 게임이 있다고 해볼까요? 현재 많은 개투들이 하는 게임의 방식은 과거 미녀53의 글 패턴을 분석해 정확히 어떤 날 어느 시각에 글을 쓸 것인가를 예측해서 그 날에만 베팅을 하려고 하는 겁니다. 참으로 어리석기 짝이 없는 방식이죠.

그런데 어떤 현명한 사람은 이런 생각을 합니다. "미녀53이 글을 쓰는 데는 관성이 있어. 그러니까 한번 글을 쓰기 시작하면 불규칙적인 주기로 계속 글을 쓰는 경향이 있지. 정확히 언제 쓰는지를 예측하려고 하기보다는 일단 글을 몇 편 쓰기 시작하면 계속 쓰는 것에 베팅을 해볼까. 물론 안 쓰는 날에는 돈을 잃겠지만 전체적으로 길게 보면 돈을 벌 수 있을 거야."

그런데 이런 게임을 할 때 가장 큰 장애물이 뭘까요? 아마도 제가 바쁜 일이 있어서 2~3일 동안 글을 안 쓰는 일이 발생해서 손실이 생길 때입니다. 여기서 부화뇌동하는 사람은 "이제 미녀53은 게시판을 떠났어"라고 거꾸로 베팅을 시작하죠. 아! 인내심이 부족한 겁니다.

많은 고수들이 트레이딩을 심법(心法)이라고 표현하는 이유는, 실제로 시장의 원리 자체는 그다지 복잡한 것이 없기 때문입니다. 그런데 이런 전략을 실제로 시행하려고 하면 쉽지가 않습니다.

왜 쉽지가 않을까요? 단기적인 손실을 감당해낼 만큼 심지가 굳지 못하기 때문입니다. 사실 누구든지 심지가 굳기란 쉽지 않은 일이죠. 단기적인 손실 앞에서 애초의 원칙을 뚝심으로 밀고 나가는 것이 그만큼 힘들기 때문입니다. 장기적으로 생각하지 못하고 단기적인 수익과 손실에 마음이 흔들리기 때문입니다. 제 말이 틀린가요?

전략이 복잡하다고, 아는 것이 많다고 돈을 더 많이 벌 것 같습니까? 지식과 투자성과는 그다지 비례하지 않습니다. 물론 많이 아는 것이 나쁠 것은 없지만 그러한 지식이 지혜로 승격되기 전에는 트레이딩에 도움이 되지 않는 법입니다.

시장을 너무 선명하게 보려고 하지 마세요. 시장은 원래 흐릿하게 보이는 것이 정상입니다. 그러니까 차트에 지표를 100가지 띄워놓고 너무 용쓰지 마세요. 시장은 그렇게 복잡한 놈도 아니거니와 그저 좀 변덕스러울 뿐입니다.

제 인생 경험을 통해 보면 용을 써서 되는 것과 안 되는 것이 있더군요. 용을 써서 되는 건 시험 성적입니다. 머리에 더 많은 지식을 쑤셔 넣을수록 시험 성적은 올라갑니다. 그러니까 용을 쓰면 됩니다. 그런데 용을 써서 안 되는 게 바로 사랑과 주식입니다. 설마 이 주장에 반론을 제기하시는 분은 없겠죠?

이 두 분야의 본질적인 차이가 뭐라고 생각하십니까? 그 본질적인 차이는 바로 통제 가능성입니다. 통제할 수 없는 것을 통제하려고 해봤자 안달만 납니다.

통제할 수 없는 것을 다루는 방식은 초점을 대상이 아닌 자기자신에게로 돌리는 것입니다. 그 대상이 내가 원하는 방식으로 행동하지 않으면 관계를 짤라버리는 겁니다. 그리고 내가 원하는 방식으로 행동할 때만 관계를 지속합니다. 판단은 내가 하는 것입니다. 대상이 나를 좌지우지하게 놔두어서는 안 됩니다.

시장이 선명하게 보인다고 느껴질 때는 대개 가장 위험한 순간입니다. 시장을 너무 잘 파악하려고 노력하지 마세요. 시장은 원래 풀어놓고 키우는 겁니다.

Power Message

시장에서 돈을 벌기 위해서는 시세의 흐름에 동참해야 한다. 그런데 이 시세의 흐름이라는 것은 자기자신이 통제할 수 있는 것이 아니다. 그러니 수많은 보조지표를 깔아놓을 필요가 없으며 차트를 하루 종일 연구하면서 용을 써서는 안 된다. 시장은 아무리 그렇게 해도 절대로 선명해지지 않는다. 불확실성을 감내하고 추세의 완성에 베팅하는 것, 그것이 중요하다.

100% 들어맞는 추세 발생 신호?

PROFESSIONAL TRADING

■   트레이딩은 크게 세 가지 먹잇감을 목표로 하죠. 무엇일까요?

- 추세 Trend

- 꼭지와 바닥 Tops and bottoms

- 변동성 Volatility

이 중에서 트레이딩의 여왕 격이라고 할 수 있는 것이 바로 추세추종 철학이죠.

사실 '기술적 분석＝추세추종'이라는 등식이 성립할 정도로 많은 기술적 매매자들이 추세추종을 합니다. 그런데 이제 시장의 경쟁 문제가 여기서도 끼어듭니다. 추세를 미리 포착할 수 있는 단서가 시장에 알려지는 순간 그것은 시그널로서의 가치가 소멸해버리고 만다는 것입니다. 그렇기 때문에 시중에 나온 장사꾼들의 책을 뒤적거리며 신종 기법을 시험하는 짓은 모조리 헛발질이 되고 맙니다. 오호라, 통재군요!

여러분이 하지 말아야 할 것은

- 서점에 가서 다른 개투들도 모두 보았을 책을 신봉하며 그 기법대로 따라 한다.
- 사기꾼 시황가들에게 돈을 주고 사이트에 가입하거나 그들의 시황대로 매매를 한다.

여러분이 이 두 가지 행동 중 하나를 하는 순간 여러분은 이렇게 외치고 있는 겁니다.

"나는 봉입니다. 나를 잡아드십쇼!"

봉이 되기를 바랍니까? 설마 그렇지 않겠죠. 그러기 위해선 특정한 추세 예측 단서에 지나치게 의존하지 않고서도 추세를 추종할 수 있어야 합니다. 여기에 대한 해답은 바로 trial and error(시행착오) 기법입니다. 추세가 나온다고 생각하면 달려들었다가 만약 아닌 것으로 판명되면 빨리 잘라 튀어버리는 방식이죠.

이런 방법은 결코 잡히지 않습니다. 메이저들이 이런 놈들을 잡으려고 하는 순간 미끄덩거리며 손에서 빠져나가니까요. 개투 고수들은 모두 이런 미꾸라지들이라고 저는 감히 —욕을 먹더라도— 말씀 드리고 싶습니다.

이러한 trial and error 기법을 사용하기 시작하면 모든 것이 단순해집니다. 어떤 신호가 나와야 매수하고 매도하는지 이제 더 이상 집착할 필요가 없답니다. 매수는 그냥 시세가 고개를 들고 올라갈 것 같으면 하는 겁니다. 매도는 시세가 고개를 푹 숙이고 다이빙할 것 같으면 하는 거지여. 다른 이유는 없습니다. 참말로 쉽죠잉~.

이제 정교화해야 하는 것은 분석 기법이 아니라 매매전략이 됩니다. trial and error이기 때문에 error가 발생했을 때 손실을 최소화하는 방법을 찾아내야 하죠.

바로 여기서 마인드와 자금관리가 끼어듭니다. 과도하게 거래하면 한 번의 error로도 치명적인 손실을 입을 수 있습니다. 그래서 여러분은 자금관리를 배워야 합니다. 또 잘라야 하는데 자르지 못하면 trial and error 기법 자체가 error가 나는 겁니다. 이런 사람은 구제책이 없습니다.

Trial and error를 하더라도 진입 시그널은 있어야 합니다. 그래서 저는 전통 시그널을 이용하라고 조언합니다. 왜냐? 어차피 신종 시그널이 나온다 하더라도 금방 소용이 없어지기 때문에….

전통 시그널들로 알려진 시그널들은 시간의 시험대를 통과한 것들이 많습니다. 수많은 신종기법이 해마다 쏟아져 나오지만 교과서에 실린 것들은 그러한 것들 중에서 살아남은 것들입니다.

여기서 한번 진지하게 생각해봅시다. 어떻게 이런 것들이 살아남을 수 있었을까요?

간단하게 말하면 이들은 시장 원리 Market principle에 충실했기 때문이죠. 예를 들어 어떤 차가 정지해 있다가 시속 100km로 달리기 위해서는 반드시 어느 순간 시속 50km를 통과해야 합니다. 제아무리 난리를 쳐도 100km로 속도를 올리기 위해서는 50km 지점을 통과하는 순간이 있게 마련입니다.

마찬가지로, 시세가 폭발하기 전에는 어쩔 수 없이 등장하는 패턴들이 있을 수밖에 없습니다. 이를테면 모든 폭등 시세는 시간을 거슬러 올라가면 반드시 이동평균선이 정배열로 돌아서는 과정이 있을 수밖에 없다는 것이지요. 그렇기 때문에 이동평균선 정배열 초입에 시세에 가담하는 것은 유효한 시그널로 지금까지 살아남을 수 있었던 것입니다.

다만 다음의 차이를 꼭 유념하시길!

폭등 시세는 과거에 정배열 전환이 있었다. (O) (P → Q는 참이다)

정배열 전환이 되면 폭등 시세가 온다. (X) (그러나 그렇다고 Q → P가 꼭 참인 건 아니다)

어떤 명제가 참이라고 해서 그 역도 참은 아니라는 거… 꼭 유념하시길. 또한 기술적 분석에서 말하는 모든 패턴은 언제나 후행적으로 보았을 때 맞아떨어지는 것이라는 점도 잊지 마시어요.

우리는 그저 이러한 패턴이 상승 혹은 하락으로 이어질 것이라고 기대expect하고 진입하는 것이지, 알고know 진입하는 것이 아닙니다. 다시 반복해드리겠습니다. 기술적 매매자는 언제나 어떤 시세를 기대하고 들어가는 거지 알고 들어가는 게 아닙니다. 꼭 기억하세요.

미래를 아는 자는 신뿐입니다. 기술적 매매자는 확률과 아주 친해져야 합니다.

Power Message

기본적으로 추세추종이란 trial and error 기법이라고 할 수 있다. 추세가 발생한다고 생각하면 달려들었다가 아니면 일단 탈출하여 다음 기회를 노려야 한다. 100% 들어맞는 추세의 발생 시그널 같은 것은 없다. 차라리 시장 원리를 따르는 전통적인 시그널을 이용해서 거래하라.

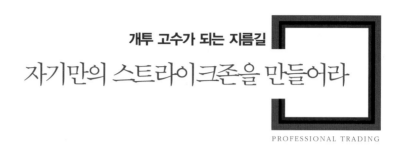

자기만의 스트라이크존을 만들어라

PROFESSIONAL TRADING

트레이딩은 어떤 의미에서는 야구와 비슷합니다. 스트라이크존에 공이 들어오지 않을 때 방망이가 나가서는 죽을 쑤게 됩니다. 스트라이크존에 공이 들어와도 칠 수 있을지, 쳐도 땅볼이 될지, 플라이가 될지 불확실한 상황에서 존을 벗어난 공에까지 방망이가 나가면 어떻게 합니까. 이런 선수는 야구계를 떠나야 할지도 모르지요.

제가 반복해온 얘기를 다시 한 번 되돌아봅시다.

첫째, 모든 수익은 시장이 내준다. 그러므로 시장이 우호적이지 않을 때는 기다려야 한다. 시장이 돈을 안 주겠다는데 니가 날뛰어서 우짤긴데? 응?

둘째, 먹을 것만 먹으면 된다. 먹을 수 있는 거 없는 거 가리지 못하고 덤벼들면 제 욕심에 제가 당하기 마련이다.

욕심을 부리지 말고 자기만의 스트라이크존을 만드세요. 그것이 가치투자의 기준이 되었든, 차트의 일정한 패턴이 되었든 자기가 무엇을 먹을지 정하라는 것입니다. 투자업계의 최고 형님인 워렌 버핏도 기술주 버블은 자기 차지가 아니라고 쳐다도 보지 않았습니다. 자기가 잘 모르는 버블이니 먹지 않겠다는 거죠. 이걸 보고 눈치 빠른 개투들은 투자의 비밀 한 가지를 깨닫지 않았을까… 내심 기대해봅니다(깨닫지 못했다면 어쩔 수 없는 거고요).

물론 저는 개인적으로 강한 추세를 제 스트라이크존으로 가지고 있고 그게 가장 좋은 타깃이라고 믿고 있지만 그것이 유일한 스트라이크존이라고 우기지는 않는답니다. 왜냐? 증시라는 생태계 속에는 호랑이만 있는 게 아니라 노루도 있고 토끼도 있고 거북이도 있으니까요. 내가 호랑이 사냥꾼이라고 토끼 사냥꾼이 틀렸다고 할 수는 없죠. 나는 호랑이 가죽을 팔아 돈을 벌면 되고 토끼 사냥꾼은 애완숍에 토끼 팔아서 돈 벌면 됩니다. 뭐가 문젭니까?

그러나… 대부분의 개투들은 추세추종을 하기를 저는 권하고 싶습니다. 그게 제일 안전하다고 판단하니까요. 그러나 굳이 다른 방법을 취한다 해도 말리지는 않습니다. 다만, 아무 공에나 방망이를 휘두르진 마세요. 자기가 가장 잘 칠 수 있는 구질만 때리면 되는 겁니다(앞으로도 저는 글을 쓰면서 투자의 어떤 핵심에 대해서는 귀에 못이 박히도록 반복할 가능성이 있습니다. 거의 세뇌가 될 정도로 말이죠. 지겹더라도 이해바랍니다).

이제 이격도에 대해 얘기를 해보도록 하겠습니다.

주식 짬밥 좀 먹어봤다면 이런 멋진 주식 격언 들어보신 적이 있죠?

주가는 결국 고향으로 돌아간다!

오호, 정말 멋진 말입니다. 이때 고향은 여러 가지 의미로 쓰일 수 있죠. 가치 투자자는 그 고향을 기업의 가치라고 말하고 싶을 것이고, 트레이더는 달리 말하고 싶을 겁니다. 저는 트레이더니까 고향은 '20일선'이라고 말하겠습니다(40일선이라고 해도 됩니다).

핵심은 이겁니다. 주가는 결코 시장의 평균으로부터 영원히 멀어질 수는 없다는 것이죠. 두 가지 중의 한 가지가 일어나야 합니다.

① 주가가 이동평균선으로 회귀하든지,

② 이동평균선이 주가로 따라붙어야 합니다.

우리는 ①을 가격조정이라고 부르고 ②를 기간조정이라고 부릅니다. 이 둘이 꼭 상호배반적으로 일어날 필요는 없고, 둘이 반반씩 일어날 수도 있죠. 어찌되었거나 산이 높으면 골이 깊고 그 반대도 마찬가지! 주가는 돌고 도는 것이며 평균으로 돌아옵니다. 그러므로 주가가 평균으로부터 너무 멀어지면 우리는 가격조정이나 기간조정을 예상해야 합니다. 아셨죠? 예상!

다만 어느 정도 이격이 벌어져야 주가가 회귀하는지를 정해주는 법칙은 없습니다. 만약 그런 게 있었다면 모든 사람들이 변곡점을 알 수 있었겠죠. 그러므로 우리는 이격을 적극적으로 이용해 수익을 창출하려 하기보다는 그것을 소극적으로 이용해야 합니다. 무슨 말이냐 하면(잘 들으세요), 이격이 벌어졌을 때 반대 방향으로 베팅할 필요는 없지만(이격이 벌어졌다는 것 자체가 강한 추세가 있었다는 뜻이므로!) 적어도 이격이 더 벌어지는 방향으로 공격적으로 베팅하는 것은 삼가야 한다, 이 말이죠. 결국 베팅은 눌림목, 즉 이격이 좁혀진 상황에서 추세 방향대로 하는 것이 안전합니다.

물론 말이 쉽지 실제로 하려면 여러 가지 난관에 부딪치게 됩니다. 누군가 이런 말을 했죠.

구체적인 것 속에 악마가 있다!

참말로 명언입니다. 주식은 이론만 들으면 너무 쉬워 보이지만 실제로 하다 보면 늘 예상치 못했던 복병을 만나게 되죠. 그리고 가장 큰 문제는 그런 복병이 졸라 많다는 겁니다. X발… 그럴 때면 증시 전문가들을 다 날려버리고 싶어지죠.

이격을 이용하는 잘 알려진 매매법 중 하나가 볼린저 밴드 매매법입니다. 밴드 상단이나 하단에 부딪치면 일반적인 경우에는 평균회귀를 예상하게 되죠. 그러나 이 매매법의 모순은 때로 가장 강한 추세가 밴드 상단 혹은 하단을 따라 달린다는 거죠. 엔벨로프 기법도 이격을 이용한 것입니다.

트레이딩은 두 가지 중 하나로 나누어집니다. 하나는 추세를 따라가는 거고 다른 하나는 변곡점을 잡는 겁니다. 매매법은 수도 없이 많지만 초등적 매매법은 결국 이 두 카테고리 중에서 하나로 떨어집니다. 그리고 개투는 어차피 초등적 매매법을 사용할 수밖에 없죠.

그러면 고등적 매매법에는 어떤 것이 있냐구요?

대표적인 것 한 가지가 차익거래^{Arbitrage}죠. 현선물 차익거래가 가장 흔하고 옵션 합성선물간 차익거래도 과거에는 많이 행해졌죠. 최근에는 글로벌 증시 간 롱숏전략이 행해지고도 있고, 동일 산업군 내 다른 주식 간 롱숏전략, 보통주 우선주 간 롱숏전략 등등이 있습니다. 이 모든 것은 차익거래라는 분야에 떨어지죠.

1995년 영국 베어링은행을 파산으로 몰고간 닉 리슨도 본래는 사이맥스에서 NIKKEI지수 차익거래를 전문으로 하는 사람이었고, 롱텀캐피탈도 채권을 이용한 차익거래 펀드였습니다. 차익거래는 이론상 무위험 거래risk-free trade에 해당하므로 많은 금융전문가들 사이에서 애용되고 있죠. 그러나 개투는 그런 차익을 발견할 눈도 없거니와 동원되는 증거금도 감당하지 못합니다. 행여 그런 걸 할 생각일랑 하지 마세요.

그외 특수 이벤트를 이용한 거래가 있을 수 있죠. M&A라든지, 전환사채 발행 혹은 정치-경제적 갈등에서 비롯된 시장불균형이 시장에는 늘 생겨나고 또 소멸됩니다. 그리고 이러한 틈새시장을 공략하는 고급 두뇌들이 있습니다. 하지만 개투들은 여기에 신경 끄면 됩니다. 그냥 신경 끄세요. 개투는 어차피 애네들 상대가 아니니깐요.

복잡하게 생각하지 말고 초등적 매매법의 전문가가 되는 것이 개투 고수가 되는 지름길이랍니다.

Power Message

자신만의 스트라이크존을 확립한 후 이 안에 공이 들어올 때만 방망이를 휘둘러라. 너무 복잡한 스트라이크존보다는 초등적 스트라이크존을 이용하는 것이 개투에게는 권장된다. 다른 것은 관두고 초등적 매매법의 전문가가 되어라.

강한 추세를 잡는 법

시세 그 자체와 이평선에 집중하라

PROFESSIONAL TRADING

■   저에게 시장에서 제공되는 정보 중에서 가장 믿을 만한 것이 무엇이냐고 묻는다면 단연코 '가격 그 자체'라고 답합니다.

가격이 강하게 올라가거나 내려가는 데에는 분명한 이유가 있죠. 다만 그 이유를 알려고 하기보다는 가격 그 자체에 반응하는 것이 더 낫습니다. 가격은 모든 정보를 가장 빠르게 반영하기 때문이죠. 가격 움직임을 상대로 정보전을 펼친다면 트레이더는 백전백패할 수밖에 없습니다.

강한 랠리가 펼쳐지고 있을 때는 조금 더 싸게 사려고 노력하다가 진입 시점을 놓쳐버릴 수도 있습니다. 때때로 이런 때에야말로 시장가로 용감하게 매수하세요. 특히나 옵션을 네이키드 매수하는 경우 강한 랠리에 동참하는 것이 필요합니다. 옵션에서 가장 큰 대박이 터지는 순간은 대개 이런 경우이거든요.

일반적으로 옵션은 시간 가치 때문에 선물지수가 횡보할 때는 프리미엄이 감소합니다. 그런데 때때로 그렇지 않은 경우가 나타납니다. 예를 들어 선물지수가 한 차례 폭등한 후 잠시 횡보하면서 쉬어가는데 옵션 가격은 조금씩 천장을 높이는 현상이 나타날 때가 있죠. 이것은 시장이 변동성 확대를 예상하면서 내재변동성이 급격하게 증가하기 때문입니다. 과거 제 경험에 의하면 이러한 과열 국면에서 옵션 매수를 하면 높은 확률로 추가적인 시세 폭발을 누릴 수 있었습니다.

또한 감마효과gamma effect라는 것이 있습니다. 쉽게 말하자면 선물지수가 옵션 행사가에 근접할수록 감마가 증가하여 가격 상승폭이 점차 가파르게 변하는 현상이죠. 바로 이것이 옵션 대박의 정체입니다.

선물을 거래할 때도 마찬가지입니다. 때때로 가장 강한 시세는 볼린저밴드bollinger band 상단을 뚫고 올라감으로써 시작이 됩니다. 가장 강한 시세는 스토캐스틱 과열권에 들어가서 한동안 나올 생각을 하지 않으며, 이격도가 증가해도 그것이 축소되기보다는 더욱 확대됩니다.

저는 이러한 이유 때문에 추세추종자는 오실레이터를 너무 가까이 하지 말라고 충고합니다. 오실레이터는 추세 진행 구간 속의 dips나 tops를 찾기 위해 이용하는 것이지 그것 자체로 시세의 과열이나 침체 여부를 판단하기 위해 사용하는 것이 아닙니다. 오실레이터를 굳이 사용해야 한다면 저는 그것을 도리어 팝pop 전략의 일환으로 사용하라고 권합니다. 팝전략이란 오실레이터가 과열권에 들어가면 매수하고 침체권에 들어가면 매도하는 전략입니다.

강한 추세를 놓치지 않기 위해서는 보조지표를 버리고 시세 그 자체와 이동평균선에 집중하는 것이 더 도움이 됩니다. 대

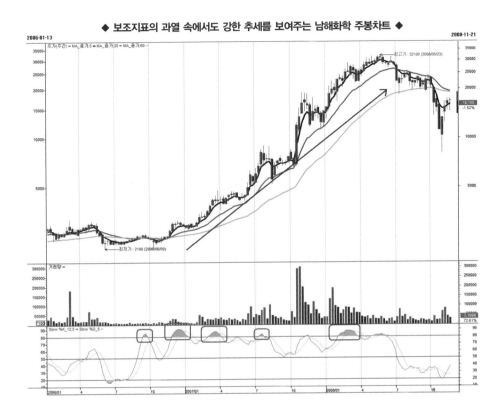

◆ 보조지표의 과열 속에서도 강한 추세를 보여주는 남해화학 주봉차트 ◆

개 강한 시세는 5일선 위에서 달리는 경향이 있습니다. 그러다가 어느 정도 조정이 오면 5일선을 붕괴시킵니다.

그렇다 하더라도 시세가 끝났다고 예단해서는 절대 안 됩니다. 조정이 급하면 급할수록 그것은 일시적인 흔들기일 가능성이 크답니다. 이건 사실 고수들 사이에서는 공공연한 비밀이죠. 무서운 것은 서서히 고점에서부터 하락하는 것이지, '나 떨어진다!' 라고 외치면서 폭락하는 것이 아닙니다(잡주는 예외).

5일선을 붕괴시키면 20일선에서 지지 받는지 여부를 지켜보고, 20일선이 무너지면 60일선을 최후의 보루로 남겨두세요.

  만일 60일선을 붕괴시키면 주봉 차트 상에서 60주 이동평균선(즉, 300일 이동평균선)에서 지지를 받는지를 지켜보는 것이 도움이 되는데, 이처럼 추세를 쉽게 포기하지 않는 정신이 수익을 창출하는 것이죠. 추세는 초보 개투들만큼 변덕스럽진 않습니다. 중간 중간 미끄러지는 순간이 있긴 하지만 떨어져 나갈 사람이 떨어져 나가고 나면 다시금 등정을 시작하는 것이 일반적이랍니다.

Power Message

추세 구간에서 오실레이터의 과열(또는 침체) 신호를 따르는 것은 자칫하면 추세에 역행하는 결과로 이어질 수 있다. 강한 랠리가 펼쳐질 때는 묻지마 동참을 하는 것도 필요하다. 추세를 붙들기 위해서는 보조지표를 지나치게 가까이 하지 말고 시세 그 자체와 이동평균선에서의 지지 여부를 판별해야 한다.

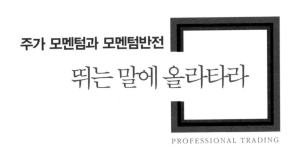

주가 모멘텀과 모멘텀반전

뛰는 말에 올라타라

PROFESSIONAL TRADING

■　　여러분께 문제를 하나 낼게요. 신중히 생각하고 잘 풀어보세요.

　종목 A는 6개월~1년 사이 주가가 50% 상승했고, 종목 B는 주가가 25% 상승했다. 어떤 종목에 투자하는 것이 더 바람직할까?

　연구 결과에 따르면 종목 A에 투자하는 것이 통계적으로 초과 수익을 달성할 수 있는 방법이지요. 이처럼 "강한 종목이 더 간다"는 논리를 모멘텀논리라고 합니다. 그렇다면 비슷한 문제를 하나 더 낼 테니 이번에는 꼭 맞춰보세요. 흐흐.

　종목 A는 3~5년 사이 주가가 50% 상승했고, 종목 B는 주가가 25% 상승했다. 어떤 종목에 투자하는 것이 더 바람직할까?

당연히 종목 A겠죠? 모멘텀이 있으니까! 아쉽지만 땡! 답은 종목 B입니다.

3~5년 정도의 장기적인 주기에서 살펴보면 주가는 오버슈팅과 언더슈팅을 반복하는 것으로 알려져 있습니다. 달리 말해 현재 소외된 종목이 장기적으로 보면 더 크게 간다는 것이죠. 이러한 현상을 모멘텀반전 momentum reversal이라고도 하죠.

저PER주나 저PBR주가 장기적으로 시장 초과 수익률을 달성했다는 사실은 널리 알려져 있습니다. 저는 이러한 현상을 모멘텀반전으로 일부 설

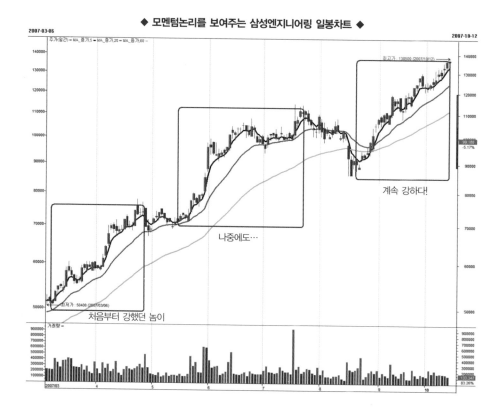

◆ 모멘텀논리를 보여주는 삼성엔지니어링 일봉차트 ◆

명할 수 있지 않을까 생각합니다. 또한 이러한 이유 때문에 가치투자자들이 저평가된 주식을 매수해 장기 보유하는 전략은 분명 일리가 있습니다.

그러나 3~5년이 지나치게 길다고 생각하는 투자자라면, 근래에 강하게 상승했던 종목이 더 강하게 간다는 논리를 따라서 추세추종을 하는 것이 더 바람직하지 않은가… 개인적으로 생각합니다.

저는 종목 선정을 그다지 권유하는 편이 아니지만, 굳이 여러분이 종목을 꼭 선정해야 한다면 ―투자지평을 약 6개월~1년 정도로 가져간다고

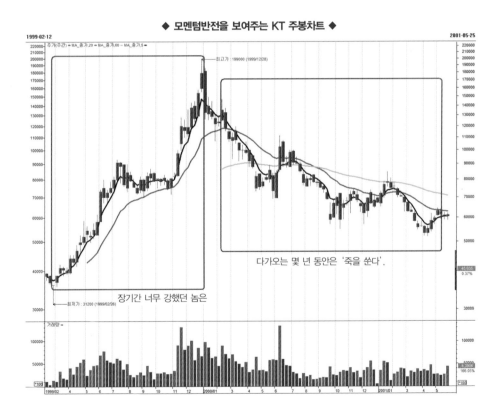

◆ 모멘텀반전을 보여주는 KT 주봉차트 ◆

다가오는 몇 년 동안은 '죽을 쑨다'.

장기간 너무 강했던 놈은

할 때 — 어설프게 저평가된 소외주에 투자하는 것보다는 최근 강하게 치고 올랐던 종목에 관심을 가지는 것이 더 바람직하다고 생각합니다.

Power Message

단기적으로는 강한 놈이 더 갈 확률이 높지만, 장기적으로는 강한 놈이 약해지고 오랜 기간 설움을 받았던 놈이 스포트라이트를 받는다. 그래서 단기적 타임프레임에서는 추세를 추종하는 것이 좋고, 장기적 타임프레임에서는 소외된 섹터에서 치고 올라오는 놈을 모니터링하는 것이 필요하다.

장세 판단의 경험칙
성급하게 시세를 예단하지 마라

PROFESSIONAL TRADING

제가 제일 싫어하는 시장이 횡보장입니다. 제일 무서워하는 시장도 횡보장이구요!

횡보장에서 휩쏘에 몇 번 걸리고 나면 그냥 쉬세요. 푹~. 박스권을 어느 방향으로든 돌파하기까지 기다려야 하는 것이죠. 쉬지 못했기 때문에 큰 손해를 본 경험이 있습니다. 어차피 박스권을 돌파시키는 것은(위로든 아래로든) 여러분이 아닌 세력님들입니다. 그들이 움직이지 않는데 여러분이 날뛰어야 좋을 것 하나도 없습니다. 에너지만 낭비하고 종국에는 제 풀에 제가 지치고 맙니다.

하지만 시장에 참여하면서 가장 경계해야 하는 것은 바로 냉정함을 잃는 것입니다. 때로 우리는 절호의 기회라고 생각되는 순간을 놓치게 되는 경우가 있습니다. 특히나 옵션 매매를 하는 트레이더의 경우 급격한 감마의 상승이 동반되면서 초대박이 발생하는 시세를 먹지 못하는 상황에 처하기도 합니다. 이럴 때 트레이더는 마음이 무척이나 급해져서 급히 꼭지 근처에서 추격 매수를 단행하지요.

그럴 필요 없습니다. 시장에 기회는 무궁무진하게 찾아옵니다. 시세는 늘 출렁이기 때문이죠. 어떤 경우에라도 성급하게 행동하지 마세요. 그리고 계획에 없던 매매를 즉흥적으로 행하지도 마세요. 장기적으로 그러한 성급함은 반드시 화를 부르게 되어 있답니다.

또 많이 행하는 실수 중 하나는 시세 폭발을 놓쳤을 때 성급히 반대 방향으로 진입하는 것입니다. 오호라, 슬프군요! 예를 들어 선물을 매매하는 어떤 트레이더가 어느 날 급격한 시세 분출에 참여하지 못해 안달이 나 있는 상황이라고 칩시다. 많은 트레이더들이 범하는 실수는 이런 순간 선물을 매수하기에는 너무 늦었다고 생각한 나머지 '이제는 떨어지겠지' 라는 막연한 생각으로 선물 매도로 들어가는 것입니다.

시장이 이런 트레이더의 심리를 꿰뚫기 때문인지는 몰라도, 이상하게도 이런 경우 시세는 떨어지기보다는 한 단계 더 폭발하는 경우가 많습니다. 명심해야 할 것은 추세의 끝을 함부로 예단해서는 안 된다는 것입니다. 추세가 끝났다고 해도 추세가 반드시 급격하게 돌아서는 것 또한 아닙니다.

시장의 장세를 판단할 때 사용할 수 있는 경험칙 rule of thumb 을 알려드리죠.

상승추세 후에는 횡보장이 온다고 생각하는 것이 곧바로 하락추세가 이어진다고 생각하는 것보다 안전합니다. 마찬가지로 하락추세 후에는 횡보장이 온다고 생각하는 것이 곧바로 상승추세로 전환한다고 생각하는 것보다 안전합니다.

상승장이나 하락장이나 개미들이 생각하는 것보다 훨씬 더 오래 간다고 생각하는 것이 일찍 추세전환을 예단하는 것보다 안전합니다.

상승장은 조정의 폭이 얕고 변동성이 작지만 하락장은 거칠게 오르내린다고 생각하는 편이 안전합니다. 하락장의 초입에는 개미들이 우글거려서 시장에 노이즈가 많아져서 그렇습니다. 또 단기 반등에서는 언제나 큰손들의 물량 분산이 일어나서 개미들이 물리는 일이 아주 보편적으로 발생합니다.

이제 자기자신을 돌아볼 때 사용할 수 있는 경험칙입니다.

- 매수하고 싶어 미칠 때는 3일만 기다려보세요.
- 매도하고 싶어 미칠 때는 3일만 기다려보세요.

몇 차례 강조했다시피, 여러분은 시장의 일부분입니다. 여러분만이 독특한 인간이 아닌 이상 여러분이 '~하고 싶어 미치겠다'고 느끼는 데는 이유가 있습니다. 여러분이 그렇게 느낀다면 다른 사람도 그렇게 느낄 가능성이 아주 큽니다. 대중이 한쪽으로 쏠리면 시장은 반대 방향으로 갑니다.

그러므로 자기자신의 충동을 모니터링하는 자세가 필요합니다. 현 상황에서 가장 있을 법하지 않은 시나리오를 떠올려보는 훈련을 해보기 바랍니다. 그리고 어쩌면 시장이 그런 시나리오대로 풀릴 수도 있다고 생각하고 매매 계획을 짜기 바랍니다.

대개 변곡점을 성급히 예단하는 투자자보다는 추세의 전환에 한 걸음 늦게 따라가는 투자자들이 역사이클을 피해갈 확률이 높답니다. 잊지 마세요! 성급히 시세를 예단해서는 안 된다는 것을.

Power Message

포지션 청산과 신규 포지션 진입 사이에는 일정 기간을 두는 것이 바람직하다. 성급하게 시세를 예단하지 말 것이며, 추세가 전환되기까지는 대개 박스권이 나타난다는 보수적인 관점에서 한 걸음 늦게 추세를 따라 들어가는 것이 좋다.

언제 팔아야 하나

고점 대비 일정 비율 하락시 매도하라

PROFESSIONAL TRADING

■   상식적으로 생각을 해보죠. 여러분이 삼성전자를 매수했다고 하겠습니다. 그런데 며칠 안에 여러분의 예상과 달리 주가가 하락해 손실이 100만원 정도 발생했습니다. 참 가슴이 아프죠.

이제 여러분은 두 가지 행동 중 하나를 선택할 운명에 처해 있습니다. 하나는 손실을 실현하는 것입니다. 즉, 100만원의 손실을 담담히 받아들이는 것입니다. 물론 마음은 아프겠지만 이렇게 하면 손실은 더 이상 커지지 않죠. 다른 하나는 기다려보는 것입니다.

두 번째 선택을 했을 때 우리는 다시 두 가지 시나리오에 직면하게 됩니다.

첫 번째 시나리오는 주가가 다시 오르기 시작해서 손실을 만회하게 되는 거죠. 두 번째 시나리오는 주가가 더 떨어져서 손실이 더 커지게 되는 겁니다.

주가는 예측할 수 없는 생물이기 때문에 이 두 가지 시나리오 중 어느 쪽이 현실화될지는 아무도 알 수 없지요. 다만 문제는 만약 여러분이 운이 억세게 나빠서 폭락장 속에서 삼성전자를 쥐고 있는 경우에 생겨나죠. 이런 시나리오는 확률이 높지는 않지만 분명 가능성은 있습니다. 2008년의 대폭락을 겪은 분이라면 더더욱 이러한 시나리오가 실감이 날 것입니다.

두 번째 시나리오가 현실화되었다고 하겠습니다. 손실이 눈덩이처럼 불어나게 됩니다. 이제는 어떻게 해야 할까요? 무작정 기다려야 할까요? 하긴, 이제는 기다리는 수밖엔 없겠죠?

사람은 말이죠, 손실이 커지면 커질수록 그 절대적인 크기에 둔감해지기 마련입니다. 처음 100만원을 잃었을 때는 마음이 몹시 아프지만 그게 200만원 손실이 되면 그런가 보다 하게 되고, 500만원 손실이 되면 주식에 조금씩 관심이 없어지며 1000만원 손실이 되면 자포자기하게 됩니다(제발 이런 상황이 오지 않기를!). 물론 그때 가서 손절매하는 것은 더더욱 어렵습니다. 기다린 시간이 아깝고 억울해서 손절매하지 못하죠.

손절매에 대해서 오해하는 사람들은 손절매가 잦은 매매를 부추기고, 엉덩이로 오래 버티는 것만이 진정한 투자의 묘수라고 주장하는데, 저는 그 정도로 엉덩이가 진득하지 못해서 쉽지가 않더군요. 그런 투자방법을 월스트리트에서는 뭐라고 하는지 아세요? P&P전략이라고 합니다. 풀어 쓰면 Play & Pray 전략입니다. 주식을 사놓고 기도하는 전략이라는 뜻이죠.

손절매는 적극적인 리스크 관리의 전략입니다. 손실이 생겼을 때 그 손실이 행여나 더 크게 불어날 것을 염려하여 일단 자르고 보는 것이죠. 사실 손절매 기술은 청산의 기술 중 하나일 뿐입니다.

주식을 영원히 보유하기 위해 매수하는 것이 아니라면, 주식을 산 이후에 언젠가는 그것을 팔아야만 합니다. 그렇다면 과연 언제 팔아야 하는 가? 이러한 질문에 봉착하게 되죠?

어떻게 보면 포지션을 잘 보유하는 것이 포지션에 잘 진입하는 것 이상으로 어렵습니다. 확실한 작은 수익을 불확실한 큰 수익보다 선호하는 심리적 경향 때문이죠. 그러다보니 대부분의 초보 트레이더들이 다음과 같은 실책을 범하게 됩니다.

- 포지션 진입을 한다(예를 들면 매수 포지션).
- 시세가 폭등하여 계좌에 수익이 쌓인다.
- 기쁘고 가슴이 두근두근거린다.
- 어느 정도 이상 시세가 올라가기 시작하면 가슴이 두근두근거리는 것이 기쁨이라기보다는 일종의 불안으로 느껴지기 시작한다. 이미 많은 돈을 먹었기 때문에 행여 이 돈이 평가수익으로만 그치면 매우 고통스러울 것 같다.
- 그리하여 추세전환이 되지 않았는 데도 일단 포지션을 청산한다.
- 평가수익을 보며 안도의 한숨을 쉰다. 기쁘다.
- 그런데 시세를 보니 멈출 생각을 하지 않는다. 계속 올라간다.
- 너무 일찍 청산했다는 사실에 대한 억울함이 밀려오면서 결국 더 먹으려고 추격매수한다.
- 그런데 희한하게 그런 순간이 꼭지다.
- 갑자기 시세는 폭락세로 돌변하면서 먼저 먹었던 수익까지 까먹어 버린다.
- 그 이후, 일부는 매매를 멈추지만 기본조차 되어 있지 않은 트레이더

들은 화가 나서 뇌동 매매를 하다가 큰 손실로 마감한다.

저는 이러한 사이클이 초보 트레이더들 사이에서 아주 광범위하게 나타남을 알고 있답니다. 그래서 여기에 이름을 붙여 '조기 청산과 추격 매수의 오류'라고 부릅니다.

증시 격언에 "무릎에서 사서 어깨에서 팔아라"라는 말이 있고 "바닥에서 사거나 꼭지에서 팔 생각은 하지조차 말아라"라는 말도 있습니다. 이 격언은 추세추종자가 어떻게 포지션 보유를 해야 하는지에 대해 해답을 제시해주는 명언이랍니다.

청산의 시점은 아주 간단합니다. 가장 최근의 고점 대비 일정 비율 하락하면 팔면 됩니다. 그렇지 않으면 보유합니다.

예를 들어 똘똘이는 가장 최고점 대비 10% 하락하면 무조건 파는 전략을 세웠습니다. 물론 처음 주식을 매수했을 때는 매수 시점 대비 10% 하락하면 손절매하는 거죠. 이제 똘똘이의 매매 중에서 3개의 케이스를 살펴보기로 하겠습니다.

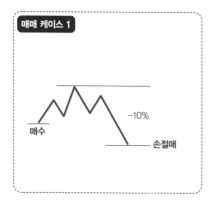

• 최고점 대비 10% 하락한 시점에서 매도했습니다. 결과적으로 이는 매수 시점보다 낮은 가격이므로 손절매가 되었죠.

- 역시 이번에도 최고점 대비 10% 하락한 시점에서 매도했습니다. 결과적으로 본전보다 조금 높은 곳에서 팔았네요. 수수료 정도 나왔을까요?

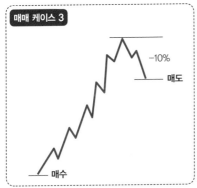

- 흠. 이번에는 돈을 좀 많이 벌었네요.

똘똘이는 한 가지의 원칙만으로 매매를 하지만 결과적으로 1회의 매매당 최대 손실액은 언제나 베팅머니 대비 10%이고 수익은 이론상 무한합니다. 최고점 대비 10% 하락하기 전까지는 무조건 보유하기 때문에 운이 좋아 대박 파동을 만나기만 하면 뽕을 뽑아 먹을 수 있게 됩니다.

Power Message

정확히 고점에서 팔 생각은 처음부터 하지를 마라. 그것은 과도한 욕심일 뿐이다. 청산은 추세전환을 확인한 후에 하는 것이 바람직하다.

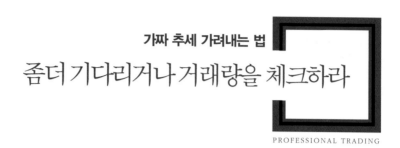

가짜 추세 가려내는 법

좀더 기다리거나 거래량을 체크하라

PROFESSIONAL TRADING

추세추종이란 어떻게 보면 가짜 신호로부터 진짜 신호를 골라내는 게임이라고 볼 수도 있지요. 강력한 추세는 당연히 주가가 어느 한 방향으로 움직임으로써 시작이 됩니다. 다만 한 방향으로 움직이기 시작한 시세가 반드시 강력한 추세로 연결되는 것은 아니죠.

추세추종자는 일단 시세가 한 방향으로 일정 기간 움직이면 추세가 연장될 것에 베팅을 합니다. 주가가 한 방향으로 움직였다는 사실 그 자체가 매매 신호가 되는 것이죠. 그러나 그 신호가 늘 맞아 떨어지는 것은 아니랍니다. 대개 10번 중 6~7번은 가짜 신호입니다.

그렇다면 우리는 어떠한 방법으로 가짜로부터 진짜를 골라내야 할까요?

기술적 분석이라는 방대한 학문체계는 바로 이 질문 하나에 대답하기 위한 시도입니다. 단순히 주가가 한 방향으로 움직였다는 사실 이외에 수많은 다른 요소를 고려함으로써 진짜를 가짜로부터 가려내는 확률을 높이겠다는 발상이죠. 과연 기술적 분석은 이러한 목적을 달성했을까요?

물론 부분적으로 어느 정도 달성하기는 했습니다. 그러나 이상하게도 그 이상 성과가 개선되지는 않고 있습니다. 저는 그 이유가 근본적으로 시장의 효율성 문제와 맞닿아 있다고 생각합니다.

기술적 분석은 복잡한 사전 지식을 요하지 않고 며칠만 바짝 공부하면 누구나 이해할 수 있는 내용이지요. 그러다보니 그러한 분석을 사용하는 사람들이 무척이나 많은 것이 현실입니다.

만약 기술적 분석이 효과가 있다면 그것을 쉽게 배워서 행하는 수많은 사람이 효과를 봐야 합니다(즉, 돈을 벌어야 합니다). 그러나 파이는 정해져 있고, 모든 사람이 돈을 버는 일은 결코 발생할 수 없죠. 결국 이러한 근본적인 한계 때문에 기술적 분석 기법은 어느 시점에선가 천장 효과 ceiling effect를 보일 수밖에 없습니다.

물론, 만일 누군가가 시중에 알려지지 않고 자기만이 알고 있는 독특한 기법을 발견했다고 하면 얘기는 달라지겠지만, 저는 그러한 사람이나 기법의 존재에 대해서 상당히 회의적인 입장입니다. 과거 주가의 자취에 불과한 차트 정보를 아무리 우려내본들 그 속에 미래의 주가 움직임을 예측할 수 있는 요소를 과연 발견할 수 있을까요? 좀 —사실은 엄청 많이— 힘들 것 같은데요!

특히나 오랜 기간 시스템 개발에 열을 올려본 경험이 있는 제 의견은, **복잡한 논리를 사용한다고 해서 가짜로부터 진짜를 골라내는 확률이 꼭 높아지지는 않더라는 것입니다.** 예를 들어 특정한 기간 동안 특정한 시장에서 아주 효과가 높은 전략이 있다고 하더라도 그 전략이 다른 기간이나 시장에서는 아주 형편없는 성과를 보이기도 합니다.

전략을 더 복잡하게 구체화시킬수록 발생하는 이와 같은 문제를 과최적화overfitting의 문제라고 합니다. 말 그대로 한 사람의 몸에 아주 잘 맞는 옷은 다른 사람은 입기 힘듭니다. 그러나 헐렁한 티셔츠라면 누구나 입을 수 있죠.

대개 가장 좋은 전략은 가장 간단한 전략인 경우도 많습니다. 제가 과거에 개발했던 시스템 중에 가장 복잡한 것과 가장 단순한 것을 비교해보면 전자의 성과가 후자보다 현저하게 더 좋게 나타나지는 않았답니다.

각설하고, 주가가 특정 저항이나 지지를 돌파하는 때에 진짜를 골라내기 위해 여러분이 취할 수 있는 가장 바람직한 전략 두 가지는

- 조금 더 기다려보는 것
- 거래량이 따라주는지를 보는 것

누구나 아는 사실이죠. 누구나 아는 사실을 실천하는 사람이 드물다는 게 문제죠. 또한 장기 차트의 신호가 단기 차트의 신호보다 조금 더 믿을 만하더라는 정도? 이 정도만 기억하면 되지 않을까 싶습니다.

사실 어떤 방법을 사용하더라도 진짜를 가짜로부터 100% 가려낼 수 있는 방법은 없습니다. 게다가 진짜를 너무 가려내려고 했다가는 가짜의 탈을 쓴 진짜를 놓치기 쉬워요. 그건 엄청난 기회비용에 해당하죠.

그래서 많은 추세추종 트레이더들은 애초부터 진짜를 가짜로부터 가려내려고 하지도 않습니다. 진짜라고 믿고 진입했는데 가짜로 판명되면 손

절매할 뿐이죠. 저 또한 여러분에게 그렇게 할 것을 권유하고 싶습니다. 시세 분석의 늪에 빠져버리면 어느 순간 여러분은 돈을 벌겠다는 애초의 목적을 상실한 채 이론의 바다 속에서 허우적 허우적댈 것입니다. 저런, 불쌍해라!

이렇게 한번 생각해볼까요? 어떤 명투수라도 모든 타자들을 삼진아웃 시킬 수는 없는 법입니다. 투수가 공을 얻어맞게 되면 그때부터는 수비수들이 그 공을 잡아 잘 처리해줘야 하죠. 매매의 신호가 실패하면 그때부터는 손절매 원칙이 작동해 손실을 줄여야 합니다.

Power Message

신호가 100% 정확하지 않다 하더라도 손절매로 방어하면서 신호를 기계적으로 거래하는 것이 낫다. 어차피 100% 정확한 신호는 존재하지 않는다. 그 어떤 명투수라도 언제나 퍼펙트게임을 할 수는 없으며 타자가 공을 치면 수비수가 커버해줘야 함을 기억하라.

'나는 다르다'는
환상에서 벗어나라

쩐의
흐름을
타라

통제에 대한 욕구

당신이 통제할 수 있는 것은?

PROFESSIONAL TRADING

■　　사람들은 왜 인덱스펀드에 돈을 넣기보다는 실적이 좋은 펀드를 고르려고 할까요? 사람들은 왜 펀드에 돈을 넣기보다는 직접 투자를 하려고 할까요? 사람들은 왜 장기투자를 하기보다는 단기 매매를 할까요? 그리고 사람들은 왜 매일매일 모니터를 쳐다볼까요? 쉬우면서도 어려운 질문이지요.

트레이딩의 가장 훌륭한 지혜는 대개 인간 심리를 깊이 있게 이해하는 것에서부터 생겨납니다. 인간 심리라고 하니까 더 어렵게 생각할지 모르나 그리 어렵지 않아요. 위 질문에 대한 답을 하자면, 사람들은 언제나 자신이 주변 상황을 통제하고 있다고 느끼고 싶어 하기 때문이랍니다. 사람들은 지나간 축구경기에는 열광하지 않지만 생중계되는 축구경기는 손에 땀을 쥐고 봅니다. 마치 자신의 응원이 경기의 결과에 영향을 미칠 수 있다고 믿는 듯 말이죠.

만일 사람들로부터 자신의 상황을 통제할 수 있는 힘을 박탈하게 되면 즉시 우울감에 빠지고 심지어 죽어버리기까지 합니다. 우울증에 대한 한 가지 유력한 가설은 '학습된 무기력 Learned helplessness' 이론인데, 우울증은 자신의 삶을 바꾸기 위해 자신이 할 수 있는 것이 아무것도 없다고 느낄 때 발병한다고 보는 것입니다.

많은 트레이더들이 상승장에서 포지션을 끈기 있게 보유하지 못하고, 종목을 끊임없이 갈아타며 단기 매매를 일삼습니다. 그러면서 수수료를 내고 세금을 내며 때로 역사이클에 걸리기도 하죠. 트레이더들은 도저히 가만히 있지를 못합니다. 트레이더는 자기자신이 투자수익을 통제하고 있다는 느낌을 가지고 싶어 합니다.

그러나 저는 오히려 제 경험에 의하건대 투자수익률은 매매 횟수를 줄일수록 높아지는 경향이 있음을 발견했습니다. 그랬기에 트레이딩 초창기에는 일봉 차트를 기준으로 매매를 했지만 나중에는 주로 주봉 차트를 기준으로 장기 포지션 트레이딩을 했지요.

대부분의 파생 트레이더들이 1분봉 차트로 하루에도 수십 번씩 매매를 하는 것과는 너무 달라서 놀라셨나요? 대부분의 사람들이 제가 선물로 장기투자를 한다고 했을 때 마치 또라이인 것처럼 여겼답니다. 그렇지만 자랑 아닌 자랑을 한다면, 시간이 흐르고 나서 보니 제가 가장 돈을 많이 벌었습니다(이럴 땐 누구라도 기분이 좋죠). 그렇다고 해서 제가 특별히 잘난 게 있어서 돈을 많이 번 것은 아닙니다. 그저 시장이 수익을 만들어나갈 수 있도록 가만히 있었던 것이 제가 잘했다면 잘한 유일한 행동이었죠. 아니, 무행동이라고 해야 할까요?

추세추종 트레이딩에서 핵심은 조류가 바뀌는 순간에만 방향타를 돌려주고 나머지 시간에는 늘 관망만 하는 것입니다. 그러나 대부분의 개미들은 더 높은 수익을 내기 위해 사고팔기를 반복하다가 종국에는 추세장에서도 돈을 잃습니다. 참말 어리석죠?

장기시장에서 거래하는 것이 단기시장에서 거래하는 것보다 유리한 이유는 무엇일까요?

첫째, 단기시장에는 경쟁자들이 너무 많습니다. 경쟁자들이 많다는 것은 주가의 불확실성이 커진다는 뜻입니다. 결국 단기적 주가 변동에는 과도한 노이즈가 포함되어 제대로 된 추세를 걸러내는 것이 그만큼 힘들게 됩니다.

둘째, 수수료와 세금 때문입니다. 가랑비에 옷 젖는다는 말이 있죠. 여러분이 단기 수익에 눈이 멀어 하루에도 수십 번씩 매매를 할 때 증권사 브로커의 입이 어디까지 찢어지는지 생각해보신 적이 있으신가요?

셋째, 시장 메이저들은 단기적으로 개미를 유인하기 위해 시세 조종을 합니다. 장기적으로 주가는 경기흐름을 따라 흐르므로 장기투자를 하는 개미는 경기 파동만 잘 타도 돈을 벌 수 있답니다. 그러나 단기적으로 주가는 수급 논리에 의해 춤을 춥니다. 그래서 단기게임을 벌이다보면 세력의 속임수에 당하는 일이 빈번하게 발생해요. 투우사를 쫓아다니는 어리석은 황소와 같이 되는 것이죠.

여러분은 첫째, 개미들이 바글거리는 시장을 피하세요. 단기시장에서 매매를 반복하지 말고 블루오션인 장기시장에 참여하세요. 다소 심심할 수는 있겠지만 매매는 돈을 벌려고 하는 것이지 재미있으려고 하는 것이 아닙니다. 이 말 잊지 마세요.

둘째, 증권사에 돈을 가져다 바치기를 최대한 거부하세요. 투자수익률대회 같은 어리석은 대회에 참가하거나 그런 대회의 우승자를 존경 어린 눈으로 쳐다보는 미련함에서 탈피해야 합니다. 제발!

셋째, 시장 메이저들이 여러분을 농락하기 위해 시세 변동을 만드는 것을 무시하세요. 분봉 차트를 보면서 이들의 속셈을 알아채서 돈을 따먹겠다는 오기를 부리는 사람들이 간혹 있습니다. 딱하기 짝이 없습니다. 물론 일부는 세력의 심리게임을 잘 파악해서 큰돈을 버는 개미도 있기는 하지요. 그러나 대부분의 개미는 세력에게 늘 허를 찔려서 탈탈 털리고 나옵니다. 사기꾼을 상대하지 말고 시장 그 자체의 도도한 흐름을 파악하려고 노력하세요.

Power Message

투자를 과도하게 통제하려고 하지 마라. 돈은 시장의 추세가 벌어다주는 것이다. 모니터를 들여다보면서 고래고래 고함을 친다고 해서 시세가 내 맘대로 움직이는가? 시세는 제 갈 길을 갈 뿐이다.

예측보다는 대응이 필요하다

PROFESSIONAL TRADING

"고수님. 저는 고수님을 오래 전부터 무척 존경해 왔습니다. 날마다 고수님이 써놓으신 주옥같은 글을 읽으면서 고수님께 쌍욕을 합니다."

이 글을 읽으면서 여러분은 아마도 마지막에 가서 깜짝 놀랐을 거예요. 아니면 갑자기 웃음보를 터뜨렸을지도 모르죠. '~쌍욕을 합니다'가 앞의 내용과 어울리지 않으니까요.

사람의 뇌는 무의식적으로 언제나 어떤 예측을 한답니다. 여러분은 아마도 의식하지 못했겠지만 여러분의 뇌는 위 문장을 읽을 때 '고수님께' 다음에 '감사하는 마음을 가집니다'라는 식의 문장이 올 것으로 예측을 했습니다. 그런데 실제로 다음에 나타난 문장이 예측한 문장과 너무도 동떨어진 문장이어서 화들짝 놀라거나 웃음보를 터뜨렸겠죠.

우리가 상대방에게 "안녕하세요~"라고 말할 때 우리의 뇌는 부지불식간에 상대방도 "예, 안녕하세요~"라고 답할 것을 기대합니다. 과거의 유사한 상호작용의 패턴으로부터 뇌가 특정 질문에는 특정한 답변이 돌아오는 다는 점을 학습한 결과죠.

그런데 만일 여러분이 "안녕하세요~"라고 말했는데 상대가 "나가 죽어라"라고 하면 여러분은 엄청난 당혹감을 느끼지 않을까요?

우리는 예측하지 못했던 일을 갑작스럽게 당하게 되면 그러한 일을 부정하거나 그에 대해 분노를 표시합니다. 그리고 이러한 감정적인 반응은 우리로 하여금 실제로 일어난 현실을 수용하는데 많은 시간이 걸리도록 하죠. 달리 말하면 행동이 일시적으로 마비되는 것입니다. 우리의 뇌는 사태를 파악하기 위해 새로운 계산을 수행해야 하니까요.

제 경험에 의하면 **시장은 너무도 자주 우리의 예측을 비웃는 결과를 보여줍니다.** 당연히 올라가야 할 자리인데 순식간에 장대 음봉이 연달아 나오면서 폭락을 한다든지, 변동성이 증가할 줄 알았는데 며칠째 약 올리듯 계속 횡보만 한다든지 하면서 말이에요. 그런 일을 당하면 많은 트레이더들이 처음에는 모니터 앞에서 어리둥절해 하면서 사실을 받아들이지 못하다가 조금 시간이 지나면서 분노를 터뜨립니다.

"이건 말도 안돼! 썩을 놈들!"

이렇게 고통 속에서 절규를 외친 적이 한 번도 없다고 한다면 여러분은 분명 거짓말을 하고 있는 겁니다.

사람들이 이처럼 **예측치 못했던 현상을 받아들이는 데는 감정적 동요가 가라앉기까지의 시간을 필요로 합니다.** 그렇기 때문에 실제로 사람들이 그 현상을 받아들이는 시점이 매우 늦어지는 결과가 자주 빚어지지요. 예를 들어 시장이 오랜 하락세를 마감하고 상승 전환하는 데도 사람들은 이러한 서프라이즈를 받아들이지 못하고 하락세를 고집하다가 시세가 과열로 치닫고난 다음에야 뒤늦게 상승세에 동참하더라구요. 물론 이때 시세는 다시 하락을 모색하며 새로운 서프라이즈를 준비하게 되죠.

베테랑 트레이더들은 최대한 예측을 배제하도록 훈련을 받습니다. 물론 이러한 예측은 무의식적으로 일어나기 때문에 예측 자체를 완전히 배제하는 것은 불가능해요. 그것은 마치 "지금부터 머릿속으로 아무 생각도 하지 마라"라는 주문만큼이나 수행하기 어렵습니다. 이에 대한 해결책은 시장에는 어떠한 일이든 일어날 수 있다는 전제 하에 각 시나리오별로 대응책을 미리 계획해두는 것입니다. 바로 여기서 매매 계획의 중요성이 부각되죠.

어찌 보면 훌륭한 매매란, 미리 세워둔 계획대로 충실히 매매를 이행하는 것에 불과한지도 모르겠습니다.

Power Message

시세를 지나치게 예측하려고 노력하지 마라. 이는 트레이더의 유연성을 해친다. 장세에 대한 자신의 입장은 확고하게 가지되, 그 입장을 언제 바꿀 것인지에 대한 기준도 명확하게 세워두어야 한다.

단기 성과에 이끌리는 심리

조삼모사의 함정에 빠지지 마라

PROFESSIONAL TRADING

누군가가 여러분에게 이렇게 질문을 던졌습니다.

"당신은 1달 안에 100% 수익이 난 후 나머지 11달 동안 횡보하는 주식을 선택하겠습니까, 아니면 주가가 꾸준히 올라 1년 후 100% 수익이 나는 주식을 선택하겠습니까?"

이 두 선택은 1년 후를 기준으로 보면 수익률이 동일하게 100%입니다. 그러나 사람들은 대체로 전자를 선택하지요. 그 이유는 전자를 선택할 경우 1달 안에 100% 수익률을 손에 쥘 수 있기 때문입니다.

개미들의 특성을 보면 그들은 급등하는 종목에는 바글거리며 달려드는 반면, 거래량 없이 서서히 올라가는 종목은 외면하는 경향이 있습니다. 그런데 얌전한 고양이 부뚜막에 먼저 올라간다고 지나고 나서 보면 보이지 않는 곳에서 조용히 올라간 종목의 수익률이 가장 뛰어난 것을 보게 됩니다.

그렇다면 손실에 대해서는 어떨까요?

할부금 제도에 대해서만 살펴보면 사람들의 심리를 이해할 수 있습니다. 사람들은 목돈을 일시에 지불하는 것보다는 이자를 더 내더라도 긴 기간에 걸쳐 나눠서 지불하는 것을 선호합니다. 결국 지출되는 돈의 크기는 똑같은 데도 사람들은 단숨에 발생하는 큰 손실을 장기적으로 나눠서 생겨나는 손실보다 꺼려하죠.

이러한 사람의 심리를 보면서 어떤 사자성어가 생각나지 않으세요? 조삼모사(朝三暮四)라는 말이 생각나는 것은 저뿐인가요? 여러분은 지금껏 매매를 하면서 2~3배 가까이 되는 수익을 낸 적도 있을지 모르겠습니다. 그런데 여러분이 처음 매매를 시작한 시점으로부터 현재까지의 누적 수익률은 얼마인가요? 그리고 이 누적 수익률을 그저 여러분이 매매를 시작한 시점에 아무 종목이나 매수한 후 그대로 보유하고 있었다고 가정할 때의 수익률과 비교하면 어떨까요? 더 높은가요?

여러분은 언젠가 이 시장을 떠날 것을 염두에 두고 투자 인생을 설계하세요. 단 한 번의 매매가 아닌 전체 투자 인생 속에서 수익을 극대화시킬 수 있는 전략을 짜는 것이 현명합니다. 10번에 1번 꼴로 10배의 대박을 내주지만 나머지 9번은 반토막이 되는 전략보다는 비록 10번에 7~8번 10%뿐이라도 꾸준한 수익률을 내줄 수 있는 전략이 더 좋은 전략이라는 말입니다.

그렇게 하려면 우선 마음의 여유를 가져야 되겠죠?

"급할수록 돌아가라"라는 말만큼 트레이딩에서 중요한 말도 없을 것입니다. 꾸준히, 거북이처럼 수익을 쌓아나가다 보면 언젠가는 큰 부를 일구게 됩니다. 물론 그 와중에 간간히 터지는 대박이라는 양념도 얻을 수 있겠지만, 그것은 어디까지나 행운이라고 여겨야 합니다.

많은 고수들이 매매를 즐기라고 조언을 하죠. 이 조언은 사실 큰 도움이 됩니다. "게임을 즐기자"라는 식으로 마음가짐을 바꾸는 것만으로도 얼마나 많은 것들이 달라지는지를 직접 경험해본 사람은 "매매는 심법이다"라는 고수들의 말에 고개를 저절로 끄덕이게 됩니다.

매번 매매 결과에 연연하면 실패를 지나치게 두려워하거나 회피하게 되고, 이러한 심리가 강해지면 실패를 용납하지 못하게 되어 손절매를 못하게 됩니다. 혹은 손절매 후에 급하게 본전을 되찾기 위해 원칙에 없는 매매를 일삼기 일쑤죠.

그러나 과정 그 자체를 즐기게 되면 결과는 저절로 따라오게 되어 있습니다. 게임은 때로는 이길 때도 있고 질 때도 있어요. 실제로 우리가 포지션을 보유하고 있는 와중에도 평가금액은 끊임없이 올랐다가 내렸다가합니다. 만일 이 순간순간을 하나의 게임으로 미분했다고 가정하면, 포지션을 보유한 동안 수많은 손실을 본 것이라고 생각할 수도 있습니다. 그러나 우리는 그렇게 생각하지 않죠? 그런데 이상하게도 포지션을 청산했을 때 손실을 본 상태라면 찝찝하고 돈을 잃었다는 생각이 드는 것이 사실입니다.

매매에서의 손실이란 사업을 지속하기 위한 비용과도 같은 것입니다.

단기적인 성과에 너무 연연해하지 말고 자신의 트레이딩 실력을 증진하기 위해 도를 닦는 구도자가 되세요.

Power Message

조삼모사의 함정에 빠지지 마라. 중요한 것은 시장을 떠나는 날 큰돈을 벌어서 떠나는 것이다. 오늘 수익을 2배 낸 후 내일 그것을 모조리 토해 낸다면 그것이 무슨 소용이겠는가.

과도한 기대는 매매 망치는 주범

PROFESSIONAL TRADING

사랑하는 사람과 실제로 입맞춤을 하는 것은 그러한 입맞춤을 상상하는 것만큼 달콤하지는 않지요. 일류 대학에 합격하는 것은 합격을 상상하는 것만큼 행복하지는 않습니다. 대개 실제는 기대보다 못한 경우가 많지요. 그렇지 않나요?

이처럼 기대와 현실의 괴리가 인간에게 있어서 보편적이고 일반적인 현상이라면 여러분은 과도한 기대의 대부분이 현실 속에서는 충족되지 않을 것이라고 생각하는 것이 현명합니다.

기대는 매매를 망치는 핵심적인 원인 중 하나랍니다. 평가수익을 내고 있던 포지션의 청산 시점을 놓치게 하는 것이 과도한 욕심이 빚어낸 기대이고, 엄청난 평가손실을 기록하며 회복의 가망이 없는 포지션에 매달리게 하는 것도 언젠가는 회복할 수 있으리라는 기대입니다. 자신의 과도한 기대 심리를 현실에 맞게 조절할 수 없는 사람은 반드시 장기적으로 실패하고 맙니다.

많은 매매의 고수들이 "원칙에 충실하라"고 외치는 이유는, 원칙을 지키는 것이 시세 예측과 어떤 관계가 있어서가 아니라, 원칙을 지키는 것만이 과도한 기대를 통제할 수 있는 유일한 방법인 까닭입니다.

주가가 청산선을 만날 때 청산한다는 원칙을 지킨다면 더 올라갈 수 있다는 막연한 기대에 이미 발생한 평가수익까지 날려버리는 우를 피할 수 있습니다. 주가가 특정 수준에 오면 손절매한다는 원칙을 따름으로써 손실 만회에 대한 막연한 기대감이 큰 손실로 확대되는 것을 막아줍니다.

매매당 평균 30%의 수익을 올리는 트레이더가 어느 매매에서 20%의 수익을 올렸을 때와 매매당 평균 10%의 수익을 올리는 트레이더가 어느 매매에서 20%의 수익을 올렸을 때 각각 느끼는 만족감은 같을 수 없죠.

현물을 하다가 파생판으로 옮겨갔다는 얘기는 우리가 흔히 듣는 스토리지만 파생판에 있다가 다시 현물로 돌아왔다는 얘기는 쉽게 들을 수 있는 얘기는 아닙니다. 파생판에서 트레이딩을 하는 사람은 매매당 만족할 수 있는 수익률의 역치가 터무니없이 높아져 있는 경우가 많습니다. 10번 중 9번은 반토막이 나다가도 한두 번쯤 터지는 2~3배의 대박이 파생 트레이더들의 기대수익률을 지나치게 높여놓는 것입니다.

사람들은 여러 가지 심리적 이유에서 좋은 기억만을 선택적으로 기억하려는 습성이 있죠. 그래서 반복해서 실패하면서도 과거의 큰 성공을 갈망하며 대박만을 노리는 어리석은 투기를 그만두지 못하는 것입니다.

현명한 트레이더는 자신의 만족 스케일을 자기자신의 주관적 경험 기준이 아닌 시장의 변동성에 맞춥니다. 시장의 변동성이 클 때는 기대수익률도 커지지만 시장의 변동성이 작을 때는 당연히 기대수익률도 작아져야 합니다.

이해를 돕기 위해 제 개인적인 경험담을 하나 들려드리겠습니다.

옵션을 매매하던 초창기, 저는 풋으로 한 번 폭락 파동을 먹어 6배 대박을 내는데 성공했습니다. 트레이딩을 통해 이런 대박이 나온다는 것이 신기했고, 제 자신이 엄청 자랑스러웠습니다. 감정은 극히 고조되었죠.

이런 때가 제일 위험하다는 말을 되뇌며 스스로의 마음을 가라앉히려고 노력했지만 저도 모르는 사이 옵션판에서의 제 기대수익은 엄청나게 커져버렸습니다. 그 후로 고난의 기간이 다가왔습니다.

대박의 경험 이후 저는 옵션매매로 세 자릿수 수익률이 나오지 않으면 성이 차지 않게 된 겁니다. 욕심이 너무 지나쳤나요? 그러다 보니 가령 50% 정도의 수익이 난 후 추세가 꺾이는 것을 눈앞에서 보고서도 욕심 때문에 포지션을 청산하지 않고 버티다가 결국은 매수금을 몽땅 날려버리는 사태를 반복해서 겪었습니다.

이후 몇 개월, 저는 대박으로 벌었던 금액의 거의 전부를 가랑비에 옷 젖듯 야금야금 잃고 말았습니다. 시장이 어쩌다가 저에게 가져다준 행운에 눈이 멀어 기대 수익이 너무 커진 것이 매매 밸런스를 깨버린 핵심 요인이었던 것입니다.

Power Message

기대 수익을 시장 현실에 맞춰라. 한 번의 대박 경험에 집착하여 시장이 언제나 그와 같은 대박을 선사해줄 것이라고 꿈꾸지 마라. 언제나 시장의 변동성 그 자체를 기대 수익의 기준으로 삼아야 한다.

물타기는 금물, 피라미딩은 권장

PROFESSIONAL TRADING

■ 여러분이 공연을 보러 갔는데 도착을 해보니 미리 사둔 1만원짜리 티켓이 사라져 버렸습니다. 다행히 지갑에는 1만원이 남아 있습니다. 여러분은 티켓을 다시 사겠습니까?

아마 여러분은 공연 관람을 그냥 포기하고 돌아설 가능성이 클 겁니다.

그럼 이제 스토리를 약간 바꿔볼까요? 여러분이 예매를 하지 않고 공연장에 도착해서 지갑을 열어보니 원래는 2만원이 있었는데 1만원을 어딘가에 흘려 잃어버린 것을 알게 되었습니다. 여러분은 공연 티켓을 사겠습니까? 이 경우 아마도 공연 티켓을 살 확률이 클 거예요.

동일한 1만원에 해당하는 가치의 손실이 있었는 데도 전자와 후자의 케이스에서 여러분의 행동은 확연히 달라집니다. 전자의 경우에 티켓을 다시 사는 것은 억울하지만 후자의 경우 잃어버린 것은 돈이지 티켓이 아니므로 티켓을 사는 것이 그다지 억울하지 않죠.

여러분이 어떤 주식을 매수한 후 주가가 폭락하여 큰 손실이 야기되었다고 가정해보죠. 이럴 때 많은 트레이더들이 취하는 행동은 그 주식을 물타기하는 것입니다. 그리고 평균단가를 낮추었다는 사실에서 만족감을 느끼죠. 그런데 엄밀히 생각해보면 평균단가를 낮추었다는 것은 환상에 불과합니다. 손실은 이미 발생했고 미래의 수익은 보유한 주식이(그것이 무엇이 되었든) 올라야만 얻어집니다. 요지는 오르는 주식을 보유하는 것이지 평균 단가를 낮추는 것이 아니죠.

그럼에도 불구하고 많은 트레이더들이 물타기의 함정에 빠집니다.

이 모든 행동의 배후에 존재하는 것은 수익과 손실의 계정을 정신적으로 따로 분류하는 성향입니다. 잃어버린 것이 티켓이기 때문에 같은 티켓을 다시 사는 것은 정말이지 억울합니다. 어떤 종목에서 큰 손실을 보았다면 다른 종목을 사서 전체적으로 수익을 본다 하더라도 그 종목에서 본 손실에 대한 기억은 사라지지 않습니다. 그런데 돈은 어떻게 발생했든 다 똑같은 돈일 뿐이에요. 옵션의 초보 거래자가 양매수를 어려워하는 이유도 비슷하지요.

콜옵션에서 100만원의 수익이 발생하고 풋옵션에서 50만원의 손실이 발생해 전체적으로 50만원의 수익이 발생하는 것이나 콜옵션을 단독 매수해 50만원의 수익이 발생하는 것이나 실상 같은 것임에도 트레이더는 후자는 잃은 것이 없다고 생각하지만 전자는 무엇인가를 잃었다는 사고방식에서 벗어나지 못합니다. $0=1-1=2-2=3-3$의 항등식을 초등학생에게 보여주면 다 같은 거라고 말할 겁니다. 그런데 성인이 된 우리는 때로 $1-1$과 $2-2$를 다르게 취급합니다.

정신적 회계가 문제가 되는 또 다른 경우는 피라미딩pyramiding입니다. 많은 초보 트레이더들이 피라미딩에 어려움을 겪습니다. 그 원인은 평균단가가 높아진다는 사실에서 오는 심리적 불편감에 있습니다. 신기하게도 바로 이러한 심리적 이유 때문에 많은 이들이 물타기는 해도 피라미딩은 못하는 것이죠.

분명 추세가 진행될수록 그것이 전환될 시점이 다가오는 것은 맞습니다. 그러나 동시에 포지션 진입 후 수익이 발생하고 있다는 것은 트레이더가 추세 파동을 올바로 탔다는 것을 입증해주기도 하죠. 결국 추세추종자는 기발생한 수익을 통해 추세를 확인한 후 추가 베팅을 감행하는 것입니다.

제시 리버모어는 특히 이런 전략으로 꽤 유명한데, 이는 소위 '척후병 기법'으로도 알려져 있답니다. 그는 일단 장세에 대해 특정한 의견을 가지게 되면 우선 소액으로 포지션을 취한 후 수익이 발생하는지 여부를 살펴보았습니다. 만일 생각과 달리 손실이 발생하면 추가 포지션을 취하지 않았죠. 그러나 만일 시세가 예측대로 흘러가 수익이 발생하기 시작하면 적절한 시기에 맞춰 추가 베팅을 했습니다. 이러한 모습이 마치 피라미드를 차곡차곡 쌓아가는 듯하다 하여 '피라미딩'으로 불리게 되었죠.

평균단가의 착각에서 벗어나야 물타기를 방지하고 피라미딩을 할 수 있습니다. 수익이 이미 발생하고 있는 포지션은 추세가 확인된 포지션입니다. 그러므로 그러한 포지션을 추가하는 것입니다. 평균단가 같은 것은 뇌리에서 깡그리 지워버리세요. 지금 당장! 반대로 물타기는 애초에 분할 매수 계획의 일환으로 집행되는 것이 아니라면, 시세가 자신의 생각과 다르게 흘러가는 상황에서 베팅을 늘리는 것이므로 시세의 관성을 감안할 때 더 불리한 입장에 취하게 되는 것입니다.

현물 포트폴리오를 운용하는 입장에서도 정신적 회계의 착각은 평가수익이 발생한 종목을 팔고 평가손실이 발생한 종목에 물타기하는 결과로 흔히 이어집니다. 평가수익이 일단 발생하면 그것을 잃게 될까봐 두려워 수익을 실현하고, 평가손실이 발생하면 '이제는 오르겠지'라는 생각으로 더 사는 거죠. 이러한 행위가 어떠한 재앙으로 이어질 수 있는지를 베테랑 추세추종자는 뼛속 깊이까지 알고 있습니다. 추세를 존중하는 트레이더라면 도리어 평가수익이 나는 종목은 그대로 놔두거나 더 사고, 손실이 나는 종목은 팔아버립니다. 그것이 올바른 포트폴리오 관리 방법이죠.

Power Message

중요한 것은 순이익(net profit)이다. 종목이나 시장의 손익을 정신적으로 따로 계산하는 우를 범하지 마라. 계획에 없는 물타기는 평균단가를 낮춘다는 환상 속에서 행해지는 가장 어리석은 행위 중 하나다. 수익이 나는 것은 보유하고 손실이 나는 것은 끊어라.

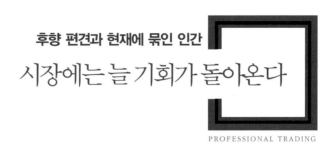

후향 편견과 현재에 묶인 인간

시장에는 늘 기회가 돌아온다

PROFESSIONAL TRADING

■   손실은 트레이더를 화나게 합니다. 당연하죠. 그러나 이보다 트레이더를 더 화나게 하는 것은 보유했다면 더 큰 수익을 낼 수 있었던 포지션을 조기 청산함으로써 수익의 기회를 놓치는 것입니다. 이런 일은 정말로 트레이더를 분노시킵니다.

이러한 분노의 배경을 잘 살펴보면 '먹을 수 있는 것을 못 먹었다'라는 사실에서 기인하는 억울함입니다. 그런데 사실 '먹을 수 있었다'라는 점은 지나고 나서야 분명해진 것입니다. 만일 그 당시에도 그것이 그토록 분명했다면 포지션을 일찍 청산했을 리가 없겠죠.

세상의 많은 것들은 지나고 나서 보면 무척이나 당연하고 쉬워 보입니다. 지나간 차트를 가지고 매매시점을 포착하는 것은 식은 죽 먹기이지만 진행되는 차트에서 그렇게 하는 것은 불가능에 가깝습니다. 그럼에도 불구하고 지나간 수익의 기회 때문에 자신을 자학

하는 것은 트레이더가 이러한 후향 편견에 사로잡혀 있기 때문이죠.

시장에는 늘 기회가 돌아옵니다. 중요한 것은 잃지 않는 것입니다(잊지 마세요). 큰 수익의 기회를 놓쳤다 하더라도 그것을 미리 알 수 있는 방법이 없었다면 억울해 할 이유도 없습니다. 날아오르는 주가를 조기 청산했다가 억울함을 참지 못하고 더 높은 가격에 추격 매수하여 고점에서 물리는 일은 초보 트레이더에게서 매우 흔히 발견되는 현상입니다. 이것이 워낙 보편적이기 때문에 저는 이를 '조기 청산과 추격 매수의 오류'라고 이름 붙이면서까지 경계하고 있답니다.

후향 편견은 어떻게 보면 인간이 현재의 맥락에서 과거를 바라보기 때문에 발생합니다. 성인이 된 후 어린 시절의 꿈을 돌이켜보면 슬며시 웃음을 짓게 되는 경우가 많습니다. 그렇지 않나요? 그러나 분명한 것은 어린 시절에 그 꿈은 오늘날 여러분이 꾸는 꿈만큼이나 진지하고 현실성 있는 것으로 느껴졌을 것입니다.

그렇다면 미래는 어떨까요? 여러분은 미래를 상상할 때조차 현재의 맥락에서 바라보고 있지는 않은지요?

아이들 중에는 어른이 되어도 결혼을 하지 않겠다고 말하는 아이들이 많습니다. 하지만 정작 크고 나서 결혼을 하지 않는 사람은 얼마나 될까요?(요즘 독신주의가 늘고 있긴 하지만). 또 치맛바람을 날리는 엄마들을 보고 흉을 보는 젊은 여자들이 나중에 실제로 엄마가 되었을 때 과연 모두 치맛바람을 날리지 않게 될까요?

사람의 욕구와 필요는 시간에 따라 바뀌는 거죠. 배고플 때 뷔페식당에 가면 거기 있는 음식을 모두 싹쓸이할 것만 같은 식욕을 느끼지만 일단

배가 부르고 나면 음식을 보기만 해도 구역질이 납니다.

　사람들은 마찬가지로 현재의 주가 추이를 보고 미래를 상상합니다. 아주 소수의 사람들만이 거래량도 없이 몇 년 동안 횡보한 주식이 어느 날부터 줄 상한가를 치며 폭등할 것이라는 기대를 합니다. 반면 그 누구도 현재 모든 이들이 우량주라고 부르는 주식이 어느 순간 상장 폐지가 될 것이라고 상상하지 못합니다.

　현재의 창을 통해 미래를 조망하고자 하는 인간의 습성은 상당한 기간 동안 저평가 받거나 고평가 받는 시장이나 종목을 만들어냅니다. 미래가 현재와는 아주 달라질 수도 있을 가능성을 열어두고 시장을 바라보아야만 끊임없이 변하는 시장에 유연하게 대처할 수 있습니다. 시장을 대할 때는 모든 종류의 편견을 버리세요.

Power Message

모든 것은 지나고 나면 쉬워 보인다. 그러나 그때가 오면 또 다시 실수를 반복한다. 과거의 창을 통해 미래를 예단하는 우를 범하지 말고 시세는 어떤 방식으로든 흐를 수 있다는 열린 마음을 늘 유지해야만 한다.

정보의 양과 확신 그리고 확증 편견

미래 예측은 신의 영역이다

PROFESSIONAL TRADING

■ 저는 단순한 매매를 지향합니다. 매매 전략도 가능한 한 단순하게 가져가려고 합니다. 그래서 제가 사용하는 대부분의 매매 전략은 단순한 돌파 전략이나 이동평균선 교차 전략이 주를 이루지요. 그렇게 하는 데 이유가 있냐고요?

더 많은 정보가 판단의 정확성을 증가시키는 경우 더 많은 정보를 취합하는 것은 분명 유리한 측면이 있습니다. 그러나 오늘날처럼 인터넷이 발달하고 정보가 범람하는 시대에도 시장은 늘 오류를 반복합니다. 더 많은 정보는 결코 인간을 더 현명하게 만들지 못한 듯싶습니다.

더 많은 정보가 더 나은 판단으로 이어지지 못할 때 정보가 가지는 위험성은 그것이 과신의 정도만을 증가시킨다는 점입니다. 소위 말하는 증시 전문가들이 시답잖은 지식을 바탕으로 자신의 예측에 얼마나 강한 확신을 표현하는지를 살펴보면 정말이지 어이가 없을 정도랍니다. 그들의 확신은 분명 그들 나름대로의 입장에서 보면 그만큼 더 많이 공부했고 더 많은 지식을 가지고 있기 때문에 생겨나는 것일 테죠. 그런데 지혜로운 자의 눈으로 보면 그들의 그러한 확신은 미래 예측이란 신의 영역이라는 점을 이해하지 못하는 어리석음으로 비춰지는 법입니다. "설익은 지식이 더 위험하다"라는 격언을 되새겨볼 필요가 있습니다.

저는 10년 가까이 증시판에서 프로 트레이더로 나뒹굴며 증시에 관한 한 공부하지 않은 지식이 없을 정도이지만 여전히 증시의 미래를 예측하지 못합니다. 누가 미래를 예측한단 말입니까? 그리고 아이러니하게도 저는 경험이 쌓이면 쌓일수록 참고하는 정보의 양을 줄여나갔습니다. 많은 정보는 머리만 복잡하게 하고 쓸데없는 고집만 양산할 뿐, 전혀 도움이 되지 않음을 느꼈기 때문이죠.

매매를 단순화시키세요. 주가는 오르거나, 내리거나, 횡보할 뿐입니다. 가끔씩 트레이더를 보면 자신이 옳음을 증명하고 싶어서 트레이딩을 하는 것인지 아니면 돈을 벌고 싶어서 트레이딩을 하는 것인지 헷갈릴 때가 많습니다.

시장에서 자신이 옳은 것은 전혀 도움이 되지 않습니다. 틀려서 돈을 버는 것이 옳아도 돈을 잃는 것보다 백배 낫습니다. 그럼에도 사람들은 본능적으로 자존심을 지키기 위해 자신의 생각을 망설임없이 철회하는 것을 꺼려하더군요.

시장에는 언제나 호재와 악재가 번갈아 발생하고 주가 변동도 상승과 하락이 섞여서 나옵니다. 어쩌면 이런 점이 트레이딩을 가장 어렵게 하는 요인 중 하나인지 모릅니다.

상승론자 입장에서는 호재가 발생하거나 주가가 오를 때마다 자신의 의견이 옳았다고 느끼게 됩니다. 그래서 자신의 본래 생각을 강화시킵니다. 반면 하락론자 입장에서는 그 반대가 되죠. 자신이 애초에 가지고 있었던 의견을 긍정하는 정보만을 선택적으로 취하는 거죠.

지나고 나서 보면 자신은 항상 옳았던 것 같은데 돈은 벌지 못하는 기이한 일이 마구 벌어지는 거예요. 어느 트레이더는 2008년 중반부터 1450포인트 바닥론을 주장했습니다. 그러다가 이윽고 패닉 장세가 도래하고 주가가 1000포인트를 붕괴시킬 때까지도 "곧 바닥이 온다"라는 고집을 버리지 않았습니다. 물론 저와 동료들은 일찌감치 하방 베팅에 나서고 있었죠.

그 트레이더가 2008년 말 주가 바닥이 만들어지자 연락이 왔습니다. "역시 바닥인 줄 알았다"라는 겁니다. 콜옵션으로 큰 대박을 터뜨렸다며 흥분해 있었습니다.

그러나 제가 그 트레이더에게 2008년 하반기에는 투자수익이 어땠는가라고 묻자 대답을 회피하더군요. "현물에서 조금 잃기는 했지만 현물은 기다리면 만회가 된다"는 것입니다. 그러면서 도리어 옵션 대박만을 반복해서 얘기합니다.

그 트레이더가 바닥에서 콜옵션 대박을 터뜨린 것은 분명 축하할 만한 일입니다. 자신의 고집이 결국에는 수익을 안겨주었으니까요. 그러나 제가 판단하건대 그가 2008년 하반기에 현물에서 입은 손실은 결코 '조금'이 아닐 겁니다. 그리고 그가 언급하지는 않았지만 일찍이부터 콜옵션으로 베팅하며 몇 번이나 깡통을 찼는지도 모르죠. 그 부분에 대해서는 제가 일부러 묻지 않았습니다. 괜히 기분만 건드릴 테니까요.

자존심보다 중요한 것이 수익

PROFESSIONAL TRADING

세상의 많은 불행한 일들의 씨앗은 자기자신에게 관대한 만큼 남들에게 관대하지 못하다는 점에 있습니다. 정말 자기자신에 관대한 만큼만 상대방에게 관대하다면 도무지 분쟁이 생겨날 이유가 없을 겁니다.

"내가 하면 로맨스 남이 하면 불륜"이라고 하죠? 이것도 사람들이 얼마나 자기자신에게 관대한지를 보여주는 부분입니다. 그런데 거꾸로 생각하면, 남들에게 냉정한 만큼이나 자기자신에게 냉정하다면 도무지 주식판에서 깡통을 차게 되는 비극은 일어나지 않을 것입니다.

잠깐만 생각해보시기 바랍니다. 만일 여러분이 누군가에게 돈을 불려달라고 맡겼는데 한 달 만에 반토막이 나버렸습니다. 여러분은 이 사실을 알게 되었을 때 어떻게 반응하겠습니까?

과연 그 사람에게,

"괜찮아. 매매는 그렇게 배우면서 하는 걸세. 다시 한 번 기회를 줄 테니 이번에는 수익을 내보게"라고 할까요? 마치 자기자신에게 하듯이?

아니면,

"이 X같은 놈! 도대체 어떻게 운용을 했길래 겨우 한 달이라는 짧은 기간에 돈을 반이나 날려! 혹시 뒤로 빼돌린 거 아냐? 당장 남은 돈 돌려줘! 그리고 당신을 고발하겠어!"

이렇게 할까요?

성공하는 트레이더는 남들에게는 관대하고 자기자신에게는 혹독합니다. 그건 트레이딩에서만이 아닙니다. 이 세상 모든 분야에서 성공하는 인간들의 공통점이죠.

매매에서는 자존심을 버리세요. 그것은 매매 성과를 올리는데 조금도 도움이 되지 않아요. 남들이 아무리 고수라고 추앙해도 결국 수익만이 승자와 패자를 가르는 유일한 기준입니다. 사람들이 자신의 자존심을 유지하기 위해 무의식적으로 자기자신을 속이는 다양한 방법이 있습니다. 이를 통틀어 심리적 방어기제라고 하는데, 이에 대해 잠시 살펴볼까요?

많은 사람들이 상승장에서는 기술적 분석가가 되고 하락장에서는 가치투자자가 된다는 말이 있습니다. 사실 주식을 매수하거나 보유하거나 매도하기 위한 이유는 얼마든지 만들어낼 수 있습니다. 문제는 이런 이유가 자기 기분에 따라 바뀐다는 거죠.

예를 들어 누군가가 어떤 종목의 5일선이 20일선과 골든크로스를 만들어 매수했다고 가정하죠. 그런데 주가는 예상과 달리 하락해 버립니다. 이 순간부터 그는 갑자기 밸류에 관심을 갖기 시작합니다. PER이 낮다는 둥, 실적이 좋아지고 있다는 둥 수많은 이유를 갖다 붙이며 보유를 합리화시키는 겁니다.

이따위로 이유를 가져다 붙일 거면 차라리 동전던지기를 해서 매수하고 매도하세요. 이런 식의 합리화를 심하게 표현하면 마스터베이션이라고까지 할 수 있습니다. 자기자신을 속이는 것이죠. 시장 전체가 여러분을 속이려고 안달이 나 있는데, 여러분마저 스스로를 속여서는 안 됩니다.

방금 설명한 합리화^{rationalization}는 사람이 사용하는 심리적 방어기제^{defense mechanism} 중 하나입니다. 프로이드 심리학자들에 의하면 모든 방어기제의 기초는 억압^{repression}이라고 합니다. 좋았던 일은 기억하고 나빴던 일은 무의식적으로 기억에서 지우는 것이죠. 이렇게 해서 사람들은 고통스러운 기억에서 해방되고자 합니다. 트레이더들도 부지불식간에 잃었던 매매에 대한 기억을 억압합니다. 그래서 늘 자기자신은 돈을 따왔다는 착각을 하는 것입니다. 지나간 매매일지를 돌아보려고 하면 갑자기 꺼려지는 거죠.

부정^{denial}은 현실을 있는 그대로 받아들이는 것을 거부하는 것입니다. 사람들이 손절매를 꺼려하는 이유 중 하나는 손실 자체를 부정하는 데 있습니다.

"이건 평가손실일 뿐이야. 장부상의 손실일 뿐이라고."

정말 그럴까요? 평가손실은 실제 발생한 손실입니다.

때로 사람들은 실패의 원인을 외부로 투사^{projection}합니다. 매매 손실의 원인은 자기자신에게 있는데, 그 원인을 시장으로 돌리거나, 일부 정신병적인 트레이더의 경우 시장을 좌지우지하는 세력이 늘 자기자신의 움직임과 반대로 시장을 움직인다고 한탄합니다.

환상^{fantasy}도 방어기제의 하나라는 점을 알고 계셨나요? 때때로 어린 시절 괴롭힘을 당하거나 주목을 받지 못하며 자란 아이들이 자기자신의 환상 속에서 스스로를 영웅화시키기도 합니다. 요즘에는 특히나 사이버세계라는 새로운 차원의 세계가 나타나면서 이 속에서나마 현실세계에서 실추된 자신의 자존심을 만회하려는 노력을 하게 되죠. 이런 사이버세계 중 하나가 바로 트레이딩의 세계입니다. 현실세계에서는 주식 백수라는 명함을 달고 있지만 시장에만 들어서면 자기자신은 승부사가 되어 있는 것이죠. 그리고 이 세계 속에서 트레이더는 언젠가 자신이 엄청난 대박을 터뜨려 부자가 되어 있는 환상을 가집니다. 이런 황홀감 속에서 그들이 이따금씩 저지르는 미친 행동을 나열하자면 끝도 없을 겁니다.

행동화acting out는 말 그대로 자신의 불안을 있는 그대로 표출하는 것을 말합니다. 트레이딩에서 돈을 잃었다고 소리를 고래고래 치거나 모니터를 깨부수거나 손으로 벽을 쳐서 손가락 골절상을 입는 경우가 여기에 해당되겠죠. 걱정 마세요. 저도 초창기에 이런 행동을 하기도 했습니다. 여러분만 그런 것은 아닙니다.

Power Message

트레이더에게 자존심이란 아무 쓸모가 없는 것이다. 자존심보다 중요한 것이 바로 수익의 창출임을 잊지 마라. 또한 매매 과정에서 어떠한 방어기제에 빠져드는 경향은 없는지 검토해보자.

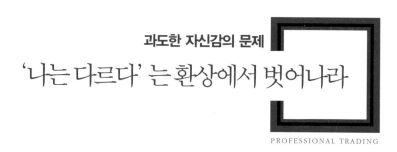

과도한 자신감의 문제
'나는 다르다'는 환상에서 벗어나라

PROFESSIONAL TRADING

■　　시장은 자신의 힘으로 어쩔 수 있는 것이 아님에도 많은 트레이더들은 왠지 자신이 사면 주식이 오를 것 같은 '느낌'을 갖습니다. 왠지 그럴 것 같습니다. 왠지 이번에는 운이 따라줄 것 같습니다.

　혹은 때때로 트레이더는 자신의 시세 예측 능력을 과신합니다. 상승장에서 몇 차례 연속해서 돈을 벌었다면 그것을 상승장의 덕분이라고 생각지 못하고 오로지 자신이 시세를 잘 예측해서 돈을 벌었다고 착각하는 것이죠.

　사람들은 누구나 본능적으로 '자기는 다르다'라고 생각합니다. 그러나 냉정한 트레이딩의 세계에서 살아남기 위해서는 '나도 남과 다를 바 없다'라는 생각을 가지세요. 주가가 10에서 20으로 오르는 구간에서 천재와 바보가 모두 주식을 보유하고 있었다고 가정하면, 천재도 바보도 똑같이 돈을 벌 겁니다. 시장은 천재라고 해서

편애하고 바보라고 해서 결코 괄시하지 않아요. 누구든 시장이 움직이는 방향에 서 있으면 돈을 벌게 해줍니다.

과도한 자신감이 생겨나는 또 다른 이유는 때때로 시장에서 정말로 돈을 따기 때문입니다. 만약 어떤 개미가 주식으로 단 한 번도 돈을 벌지 못한다면 그 개미는 처음부터 주식판은 돈을 못 따는 곳이라고 생각하고 매매를 그만둘 겁니다.

개미에게 환상을 심어주는 것은 가끔씩 찾아오는 수익이죠. 그래서 개미들은 주식을 포기하지 못하는 거예요.

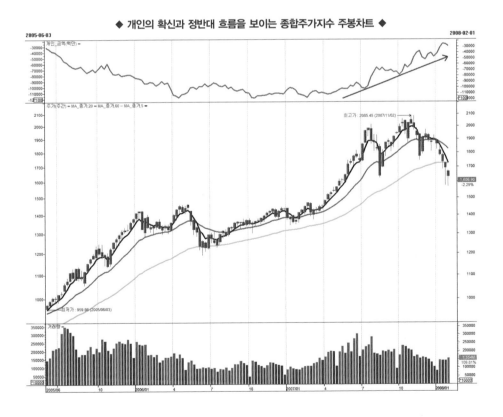

◆ 개인의 확신과 정반대 흐름을 보이는 종합주가지수 주봉차트 ◆

과도한 자신감만 아니라면 일부 트레이더들이 자신이 감당할 수 있는 금액 이상의 돈을 베팅하는 일은 없을 것입니다. 그리고 자신이 감당할 수 있는 손실을 정해두고 그만큼만 베팅한다면 절대로 깡통을 차는 일은 일어날 수 없겠죠. 수많은 개투들이 여전히 반복되는 깡통에 시달리고 있는 이유는 오직 하나, 과도한 자신감과 그로 인한 환상 때문이랍니다.

앞 페이지 차트는 대세 상승의 꼭짓점에서야 전 국민이 주식 매수에 열을 올리면서 달려들었지만 시세는 이와는 반대로 하락으로 돌아섰음을 보여줍니다.

모든 이들이 무엇인가를 강하게 확신하고 있는 시점은 조심해야 하는 시점이고, 모든 이들이 이러한 확신을 바탕으로 행동을 취하고 있는 시점은 그들과 반대로 가야 하는 시점입니다. 결코 시장 분위기에 휩쓸려 자기자신을 과신하는 일이 없도록 하세요.

사실 시장의 상승이나 하락에 대해 과신하게 되는 상황은 쉽게 발생하지 않아요. 시장은 본래 투명하지 않은 법이니까요. 만일 시장이 그토록 투명했다면 모든 이들이 주식시장에서 돈을 벌었겠죠.

그런데도 불구하고 만일 사람들이 한쪽 방향으로 쏠려서 과신을 하게 되는 상황이 발생한다면 이는 명백히 시장의 밸런스가 깨진 것으로 봐야 합니다. 보이지 않는 곳에서 밸런스의 회복에 베팅하는 하이에나들이 잠입하기 시작합니다. 과신 진영은 곧이어 배신자들이 속출하기 시작하고, 신용을 동원했던 사람들의 반대 매매가 하이에나들의 베팅과 가세하면서 눈 깜짝할 사이에 급격한 추세 전환이 발생하게 됩니다. 그때 가서는 이미 손실이 커져 있는 경우가 많아 손절매할 용기도 잃게 되죠.

시장을 너무 선명하게 보려 하지 마세요. 늘 불안하고 시장이 어떻게 될지 알지 못하는 상태가 정상입니다.

Power Message

계좌를 망치는 가장 강력한 주범은 바로 과도한 자신감이다. 시장은 본래 불투명한 것이기 때문에 시장을 지나치게 선명하게 보려는 노력은 하지 않는 것이 좋다. 시장이 투명하게 보이는 순간이 대개는 과신의 순간이 되고, 상투가 되는 경우가 많다.

트레이딩과 다이어트의 비슷한 점

언제나 관건은 내 자신이다

PROFESSIONAL TRADING

■   트레이딩에서 성공하고 실패하는 사람의 차이는 시장 예측 기법에 있는 것이 아니라 베팅의 기술과 마인드셋에 있죠. 트레이딩은 어찌보면 다이어트와도 비슷한 측면이 있는데 알고 있는 것을 행하는 것이 어렵다는 측면에서 그렇습니다.

성공하는 트레이더들은 거의 모든 면에서 일반적인 인간 본성에 반하는 행동을 한답니다. 사실 그렇기 때문에 본능적인 행태를 보이는 대다수의 트레이더들로부터 돈을 가져올 수 있는 것이죠. 대다수의 트레이더들이 보이는 본능적 행태를 나열해보기로 할까요?

- 시장 전문가를 믿거나 뉴스를 따라간다.
- 매도 신호가 나타나지 않았는데도 섣불리 매도한다.

- 손절매 신호가 나타났는데도 손절매하지 않는다.

- 차트 기법을 맹신한다.

- 기본적 분석에 몰두한다.

- 과열 국면에서 매수하고 패닉 국면에서 매도한다.

- 돈을 잃고 있을 때 베팅머니를 늘린다.

- 돈을 따고 있을 때 불안하여 베팅머니를 줄인다.

- 온종일 실시간으로 모니터를 쳐다본다.

- **돈을 땄느냐 잃었느냐에 따라 매매 심리가 춤을 춘다.**

- 과거의 잃은 매매에 집착하여 어떻게 해서든 본전을 되찾으려고 한다.

- 근시안적 시각으로 시장을 바라본다.

- 자기자신의 자금 사정을 고려하지 않은 베팅을 한다.

- 자기자신을 평가하는데 있어 수익이 나는 매매에 더 치우쳐서 평가한다.

- 매매일지를 쓰지 않는다.

- 평가 수익을 계속 들여다본다.

- 자기자신의 생각에 집착하여 고집을 부린다.

- **손실이 커지면 장기투자자가 된다.**

- 수익이 날 때는 단기투자자가 된다.

- 종목 선정에 열을 올린다.

- 작전 세력이 시장을 움직인다고 생각한다.

- 작전 세력에 빌붙어 수익을 내겠다는 생각을 가진다.

- 시장을 예측하려고 한다.

- 수수료와 체결오차에 대해 신경을 쓰지 않는다.

- 이번 기회를 놓치면 다시는 기회가 오지 않을 것이라는 조바심에 매매를 서두른다.
- 수익이 나고 있는 매매를 탐욕 때문에 지키지 못한다.
- 주가가 너무 올랐다고 생각하고 매도 진입한다. 혹은 매수하지 못한다.
- 주가가 너무 내렸다고 생각하고 매수 진입한다. 혹은 매도하지 못한다.
- 너무 일찍 매도한 후 다급해져 다시 추격 매수한다.
- 매매를 쉴 줄 모른다.

생각이 나는 것만 나열한 것뿐인데… 끝이 없이 나오네요. 매매에서 성공하기 위해서는 어떻게 해야 하느냐고요? 제 말을 믿고 이러한 본능적 행태에 정확히 반대로만 해보세요. 아마 여러분이 위의 리스트와 정확히 반대로만 할 수 있다면 성공하는 트레이더의 대열에 합류할 수 있을 겁니다. 믿어지지 않는다고요? 한번 해보세요. 물론 하기 어려울 겁니다. 소수의 사람들을 제외하고는.

그런 의미에서 여러분께 좋은 사고방식 하나를 알려드리겠습니다. 매번 매매를 할 때마다 다음과 같이 스스로에게 질문해보세요.

"과연 지금과 같은 시장 상황에서 대다수의 사람들은 어떤 본능적 행태를 보일까?"

이 질문에 대한 답을 찾을 수 있나요? 여러분이 만약 여기에 대해 명확한 답을 찾을 수 있다면 그와는 정반대로 해보세요. 시행하기가 어려우면 어려울수록 그 방법은 옳은 방법일 가능성이 큽니다.

결국 트레이딩의 가장 큰 부분이 바로 자기자신과의 싸움입니다. 매매를 하는 것보다 보유하는 것이 더 어렵고, 보유하는 것보다 매매를 쉬는 것이 더 어려운 법입니다. 시장의 신호를 읽는 것보다 그 신호대로 매매하는 것이 더 어렵고, 매매를 하는 것보다 베팅머니를 조절하는 것이 더 힘듭니다. 무엇보다도 자기자신을 냉정하게 평가하는 것이 가장 어렵죠.

트레이딩의 성공은 자기자신을 극복하는 데 해답이 있습니다.

Power Message

트레이딩에서 성공하고 실패하는 사람의 차이는 시장 예측 기법에 있는 것이 아니라 베팅의 기술과 마인드셋에 있다. 트레이딩의 가장 큰 부분은 바로 자기자신과의 싸움이다.

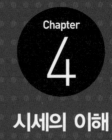

Chapter

4

시세의 이해

주기를 통해
시세의 큰 흐름을 읽어라

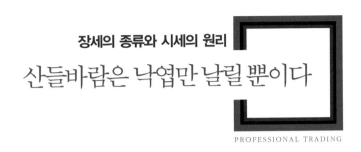

장세의 종류와 시세의 원리

산들바람은 낙엽만 날릴 뿐이다

PROFESSIONAL TRADING

■   시장을 구성하는 개미 한 마리 한 마리를 공기 입자라고 한다면 시장은 바람이라고 할 수 있죠. 바람의 성격에 따라 장세를 크게 상승장세, 하락장세, 횡보장세 그리고 변동성 장세 4종류로 나눌 수 있답니다. 어렵 나요?

상승장세란 저점을 계속 높여가고 있는 장세를 말하고 하락장세란 고 점을 계속 낮춰가고 있는 장세를 말하죠. 어렵게 생각할 것 하나도 없습 니다. 상승장세에서는 매수 포지션long position이 답이고, 하락장세에서는 매 도 포지션short position이 답입니다.

횡보장세는 저점과 고점이 올라갔다가 내려가기도 하면서 전체적으로 수평적인 시세 움직임을 보이는 장세를 말하는데, 이때는 무포지션no position 이 답이죠! 물론 옵션에 트인 분이라면 변동성 매도 포지션도 괜찮습니다.

그렇다면 변동성 장세란 무엇일까요? 군이 나누자면 변동성 상승, 변동성 하락, 변동성 횡보장으로 구분할 수도 있겠지만 이렇게 복잡하게 구분하지 맙시다. 그냥 널뛰기하는 미친 장세를 말하며 2008년 10월부터 2009년 초까지의 장세를 말합니다. 이럴 때 최고의 전략은 STRANGLE BUY POSITION입니다.

장세의 성격을 분류한 후에는 장세의 힘을 가늠해야 하는데 그건 거래량으로 측정하죠. 거래량이 많다는 건 공기입자가 그만큼 많다는 뜻이지요. 방향이 정해지면 그 바람의 세기는 그만큼 강해서 모자도 날려버릴 수 있을 정도가 된답니다. 그런데 산들바람은 설사 방향이 있다 하더라도 낙엽 정도나 날릴 뿐입니다. 그러니까 거래량이 실리는 방향성 장세에서는 강력 매수strong long 혹은 매도 포지션 short position을 취해야 하는 겁니다.

방향성 매매를 할 때 진입 시점은 "Buy on the dips and sell on the tops" (눌림목에서 사서 쌍봉에서 팔아라)라는 격언을 따르면 좋습니다. 물론 개인마다 'dips(눌림목)'와 'tops(쌍봉)'를 판별하는 방법은 다양하고 정답도 없답니다. 다음과 같이 STOCHASTIC(12,5,5)를 이용해 과매도권을 'dips', 과매수권을 'tops'라고 간주한 후 수익 포지션을 파라볼릭을 이용한 트레일링 스톱으로 정리하는 것도 한 가지 방법이겠죠. 그러나 진입과 보유전략은 백인백색이고 모두 맞을 수 있기 때문에 더 이상 언급 안 합니다.

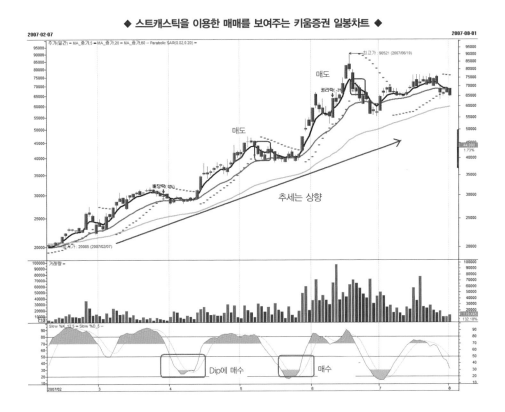

◆ 스트캐스틱을 이용한 매매를 보여주는 키움증권 일봉차트 ◆

자, 그럼 시세의 원리에 대해 알아볼까요?

전 시세의 원리를 악수의 원리 Handshaking principle 라고 부르길 좋아합니다.

악수의 원리란 거래가 체결될 때는 언제나 매수자와 매도자가 동시에 존재해야 한다는 당연한 원리를 말해요.

악수가 이루어진 후 이제 양자는 차후 시세의 행보에 따라 서로 상반된 감정 상태에 빠지게 되죠.

날아오르는 시세를 매도한 사람은 '날아가는 개 지붕 쳐다보는 닭'(?) 신세가 되고, 매수한 사람은 언제 이 리스크 덩어리를 다른 바보에게 집어던지고 '배추잎사귀'를 덩어리로 챙길까를 고민하게 되죠.

매도한 측은 다시 자신이 매도한 수준까지 시세가 내려오면 기어코 올

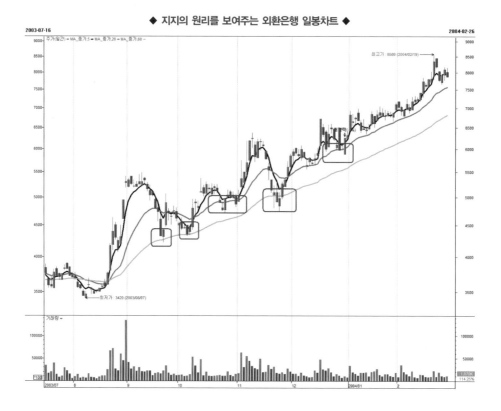

◆ 지지의 원리를 보여주는 외환은행 일봉차트 ◆

라타고 말리라는 심리에 불타오르게 됩니다. 이게 바로 지지의 원리 Support mechanism입니다. 반대로 폭락하는 시세를 매수한 사람은 "아 X발! 다시 튀어오르면 본전이라도 건져야지"라는 심리의 지배를 받게 되는데 이게 바로 저항의 원리 Resistance mechanism입니다.

이제 이동평균선이라는 놈을 살펴보면 핵심은 동일한데, 지지와 저항의 원리 때문에 시세는 과거로부터 자유로울 수 없고, 시세가 하락할 때는 최근 산 사람이 많으면 많을수록 저항이 강해지고, 시세가 상승할 때

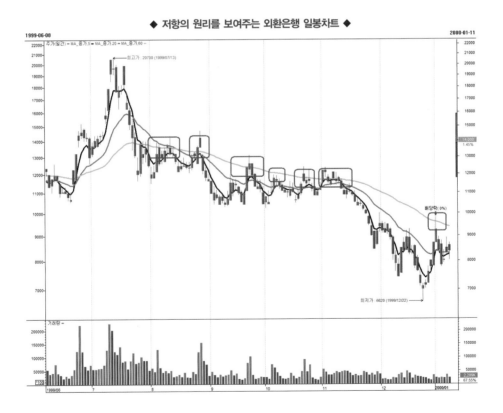

◆ 저항의 원리를 보여주는 외환은행 일봉차트 ◆

는 최근 판 사람이 많으면 많을수록 지지가 강해집니다.

그러니까 이동평균선 정배열이라는 건 최근 5일, 20일, 60일 사이에 판 사람들이 시세가 떨어지기만 하면 다시 사줄 가능성이 크다는 뜻이고, 역배열이라는 건 최근 5일, 20일, 60일 사이에 산 사람들이 올라오기만 하면 본전을 건져 뛸 가능성이 농후하다는 뜻입니다. 아시겠죠? 매물벽이라는 개념은, 이런 사람들의 수가 많으면 많을수록 지지 혹은 저항이 강하다는 거죠. 이해하셨으리라 믿고 넘어갑니다.

그러면 이제 차익실현의 원리^{Principle of profit taking}에 대해 살펴볼까요. 이격

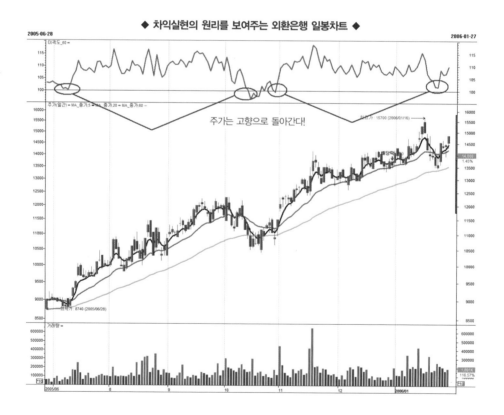

◆ 차익실현의 원리를 보여주는 외환은행 일봉차트 ◆

도라는 개념이 있죠? 시세와 이동평균선의 거리가 멀어지면 멀어질수록 가까워지려는 반동력이 생겨난다는 개념입니다. 왜냐? 평가수익이 커지면 사람들은 그걸 챙기고 싶어하니까 당연하죠!

이건 특히 하락장에 비해 상승장에서 더 분명히 나타납니다. "폭락은 순간이지만 상승은 영겁이다." 이런 말이 있죠(찾아보지 마세요. 제가 만든 말입니다). 요즘은 파생시장의 영향이 커져서 하락 후 발생하는 이격도도 숏커버링을 하는 사람들에 의해 복원력을 가지는 경우가 있지만 여전히 아직은 상승해야만 돈을 버는 사람들이 더 많은 세상입니다. 따라서 이격도라는 개념은 상승장에서 더 유효하고 이격도가 너무 벌어지면 쉬어가야 한다는 점 정도만 기억해두세요.

Power Message

장세는 크게 상승 장세, 하락 장세, 횡보 장세 그리고 변동성 장세로 나눌 수 있다. 상승 장세에서는 롱포지션, 하락 장세에서는 숏포지션, 횡보 장세에서는 쉬고, 변동성 장세에서는 옵션 매수를 하라.

주가 파동의 주기

파동 합성의 원리와 기본 주기를 이해하라

PROFESSIONAL TRADING

■ 　　세상 모든 것은 파동으로 이루어져 있다고 하는 주장은 일리가 있는 말입니다. 파동에는 여러 가지 특징이 있는데 가장 핵심적인 특징 중 하나는 주기성 periodicity 이죠.

　우리는 주기적인 현상에 매우 익숙합니다. 해가 뜨고 지는 주기를 우리는 하루라고 정의하죠. 지구가 태양 주위를 공전하는 주기를 1년이라고 정의합니다. 우리네 인생도 주기가 있습니다. 특수한 질환이나 사고로 비명사하는 것이 아닌 이상 오늘날 인간은 약 70~80년을 삽니다. 한 세대의 주기는 약 20~30년이고, 한 인간이 살아가면서 적게는 2세대, 많게는 4세대까지 만나보게 되죠.

　바닷물에는 밀물과 썰물이 발생하는 주기가 있고요. 음식점에 손님이 몰리는 데도 주기가 있고, 교통체증이 발생하는데도 주기가 있습니다. 사실 주기적 현상은 우리 주변에 널려 있고, 우리는 이러한 주기를 이용하는데 너무나 익숙합니다.

사실 우리가 이 세상을 살아가면서 혼돈 속에서 허우적대지 않을 수 있는 이유는 세상의 여러 현상들이 어떠한 형식으로든 주기적으로 반복되기 때문입니다. 이러한 주기적 반복에 의해 우리는 학습을 하고, 미래를 예측하게 되며, 이를 기반으로 미래에 대응을 하면서 생존해 나가는 거죠.

우주 철학에 대한 얘기는 이쯤하고, 과연 그러한 세상의 일부분인 시장에는 주기가 없을까요? 시장만이 예외라고 한다면 그건 좀 이상하죠. 당연한 얘기지만 시장에도 주기가 있습니다.

예를 들어 대부분의 펀드는 월초에 매수를 하기 시작하여 월말에 매도를 합니다. 그래서 대체로 시세는 월초에 강하고 월말에 약해집니다. 물론 시세를 다르게 이끌 여타 이벤트가 없다는 전제 하에서 말이죠. 또 1년을 주기로 봤을 때 펀드는 윈도우드레싱^{window dressing}을 위해 연말에 매수를 강화합니다. 그래서 연말 효과라는 것이 생깁니다.

선물시장을 보면 변동성은 오전에 크고 오후에 작아집니다. 간밤의 각종 이벤트가 익일 오전 시세에 한꺼번에 반영되기 때문이죠(선물시장이 24시간제로 바뀌면 이러한 주기가 어떻게 변할지 무척 관심이 가는 사항입니다).

기본적으로 주식시장에서 주가 파동의 주기는 바로 시세 궤적의 저점과 저점의 간격을 측정함으로써 판단하게 됩니다. 왜 고점과 고점 사이를 재지 않느냐고요? 그 이유는 저점이 대체로 고점보다 더 첨예하기 때문에 측정하기가 쉬운 까닭입니다. 또한 좌우로 전이되는 경우도 상대적으로 적습니다(이에 대해서는 뒤에서 살펴보겠습니다).

다음은 주가 파동의 주기를 한눈에 파악하기 용이하도록 저점과 저점 사이를 포물선으로 연결한 그림입니다.

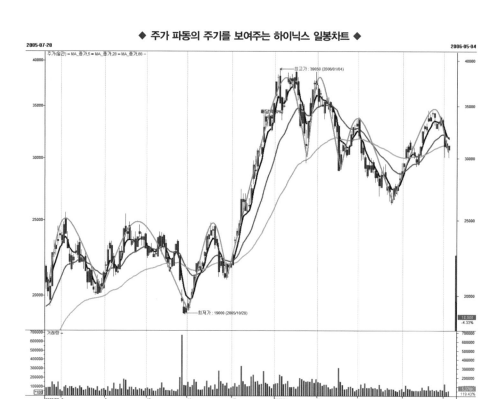

보다시피 각 파동의 골짜기는 상당히 첨예한 모습으로 나타나는 반면 봉우리는 상대적으로 완만합니다.

이러한 골짜기에서 매수 진입하는 것을 '눌림목 매수' 라고 하죠(매도 진입의 경우는 봉우리에서 진입하는 것이 같은 개념이 되겠죠). 이처럼 눌림목 매수는 시장 주기를 이용하는 상당히 효과적인 방법이랍니다.

파동은 다음과 같이 합성될 수 있어요. 고등학교 물리학 시간에 배운 파동합성의 원리 그대로입니다. 서로 같은 방향의 진폭끼리는 보강되고 반대 방향의 진폭끼리는 상쇄되죠.

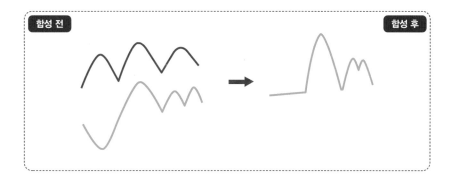

합성 전   합성 후

　어찌 보면 주가 파동이라는 것도 다양한 성분 파동이 서로 합성된 결과물인지도 모릅니다. 한때 이런 생각에 착안하여 주가 파동 데이터를 집어넣어 푸리에분석Fourier analysis을 통해 성분 파동을 분리해내려고 시도했던 적도 있었죠. 그 결과는?^^; 여러분의 상상에 맡길게요.

　어쨌거나 만일 우리가 주가 파동을 구성하는 모든 성분 파동을 분리해낼 수 있다면, 우리는 주가를 예측할 수 있게 될 것입니다. 푸리에분석으로 분리해내는 성분 파동은 모두 사인 파동과 코사인 파동으로 나타나기 때문에 이러한 파동들을 동일한 주기로 미래로 연장시켜 합성시키면 미래 주가의 흐름 또한 알 수 있겠죠!

　아쉽게도 이러한 시도에 완벽하게 성공했다고 하는 사람에 대해 저는 들어본 적은 없습니다. 각설하고, 실전에 유용할 수 있는 주식시장의 기본 주기basic cycles에는 어떤 것들이 있는지 알아보기로 할까요?

- 콘드라티에프Kondratieff 사이클(54년)
- 주글러juglar 사이클(10년)
- 키친Kitchin 사이클(2년~6년)

- 계절 사이클(1년)

- 거래 사이클(1달)

콘드라티에프 사이클은 우리와 별 상관이 없겠죠? 무려 54년에 한 번씩 일어나니까 말이예요.

다음은 1980년 이후부터 2009년 7월까지의 KOSPI지수예요.

차트를 가만히 살펴보면 우선 10년 주기의 주글러 사이클이 보이죠? 주글러 사이클은 설비투자의 순환에 의해 생기는 것입니다. 그 다음 약 2년~5년 정도의 주기로 반복되는 키친 사이클이 보입니다. 키친 사이클은 재고 순환에 의해 생기는 것으로 통화공급, 금리변동, 물가변동 등에 의한 것이죠. 다음은 꽤나 분명한 연말의 윈도우드레싱 효과를 보여주고 있죠?

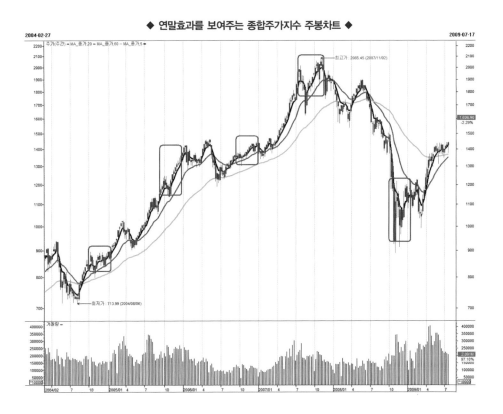

◆ 연말효과를 보여주는 종합주가지수 주봉차트 ◆

마지막으로 거래 사이클을 살펴볼까요?

◆ **월초의 강세를 보여주는 종합주가지수 일봉차트 1** ◆

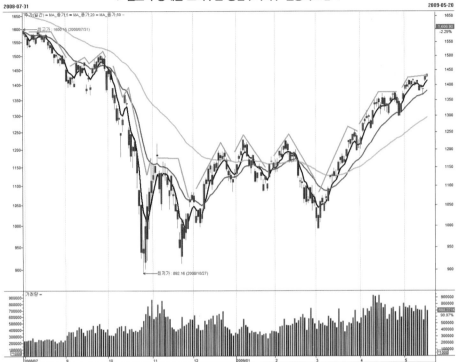

대체로 월초에 주가가 강세를 보이는 것을 알 수 있죠?

주기론적 입장에서 바라본다면 버블과 패닉은 여러 성분 파동들의 봉우리와 골짜기가 겹치면서 발생한다고 볼 수 있어요. 어렵게 표현했지만 버블이란 좋은 일들이 마구 겹치면서, 패닉은 상상할 수 있는 모든 나쁜 일들이 동시에 겹치면서 발생한다는 말입니다.

다음 차트는 성분 파동 주기의 최소공배수만큼의 기간을 주기로 패닉이 발생하는 것을 보여주고 있습니다.

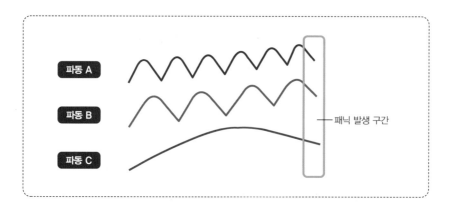

파동 A

파동 B

파동 C

패닉 발생 구간

여러 성분 파동이 각각의 주기의 최소공배수에서 겹칠 때 하락 파동이 서로 보강되면서 급격한 하락 파동이 만들어지는 겁니다. 만약 이러한 이론이 사실이라면 어떤 사실을 추가적으로 알 수 있을까요?

빙고!

패닉이 발생하면 바닥이 도래한다는 사실입니다. 왜냐? 한 시점에서 모였던 각 파동의 골짜기가 다시 제 갈 길을 가면서 새로운 합성 주기가 시작되기 때문이죠.

오묘하죠? 물론 버블과 패닉을 바라보는 관점은 매우 다양합니다. 이 것은 어디까지나 하나의 관점이자 가설, 또는 이론임을 기억해두세요.

Power Message

주가의 기본 주기를 이해하는 것은 시세의 큰 흐름을 이해하는데 있어서 중요하다. 이러한 기본 주기가 현재의 주가 차트에서 어떻게 나타나고 있는지를 가늠하려 노력한다면, 큰 시세를 준비하는데 도움이 된다.

주가의 좌우 전이

상승과 하락의 봉우리를 파악하라

PROFESSIONAL TRADING

주가 파동의 저점과 저점 사이는 상당히 신뢰할 만하지만 주가의 봉우리는 중심점으로부터 좌우로 전이translation되는 경우가 흔히 발생하지요. 상승추세에서는 봉우리의 우측 전이가 일어나는 경우가 많고, 하락추세에서는 그 반대가 빈번하게 나타나죠.

주가의 전이 현상을 실전에서는 어떻게 응용할 수 있을까요?

간단합니다. 주가가 상승하는 와중에 봉우리가 나타날 시점인

데도 주가가 계속 상승하면 이는 상승추세라는 뜻입니다. 반대로 주가가 상승하는 와중에 아직 봉우리가 나타날 시점이 아닌데 주가가 봉우리를 형성하면 하락세로 전환될 가능성이 높다는 뜻입니다.

실전 차트를 통해 이를 잠깐 살펴볼까요?

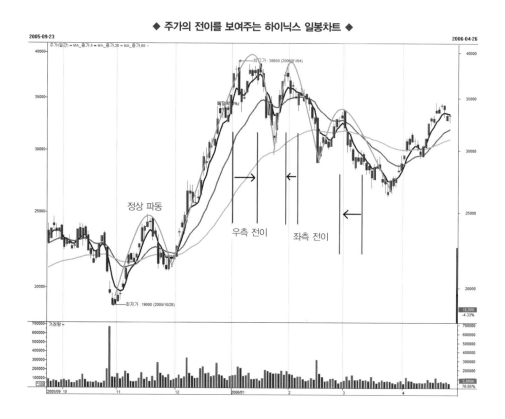

◆ 주가의 전이를 보여주는 하이닉스 일봉차트 ◆

11월에 나타난 정상파동을 기준으로 보면 12월에 나타난 파동은 봉우리가 나타날 시점에서 주가는 계속 상승했습니다. 이는 이번 파동이 상승 파동이라는 점을 시사하죠. 반대로 1월 말, 2월 말에 나타난 파동은 봉우리가 생각보다 일찍 나타남으로써 하락 전환을 예고했습니다.

참 쉽죠잉?

이와 같은 점에 주의를 기울이는 것을 두고 저는 "파동의 박자를 느낀다"라고 표현하기를 좋아합니다. 많은 베테랑 트레이더들이 말로는 표현하지 못하면서 '직관적'으로 시세를 판단할 때 그 방법이 무엇일까 궁금했던 적이 있었습니다. 그들과 만나 이야기를 나누면서 점차 분명해진 점은 그들의 묘한 '느낌'이 이러한 파동의 박자와 연관이 있다는 점이었습니다.

오랜 시장 경험을 쌓은 트레이더는 추세의 박자에 자신의 리듬이 맞춰지게 됩니다. 그래서 이 정도 상승하면 조정이 와야 한다 라든지, 반등이 와야 한다는 등의 직감을 갖게 되죠. 그런데 이러한 직감에 거슬려 시세가 더 길게 움직이면 그들은 순간 '추세가 발생했다' 라는 경각심을 깨닫는 겁니다. 그러면 그들은 곧바로 그 추세에 동참하는 특징이 있죠. 반대로 아직 꺾일 자리가 아닌데 갑자기 시세가 꺾이면 그들은 알 수 없는 불안감에 일단 매도를 하고 보는데, 그 또한 상투인 경우가 많아요.

주가의 좌우 전이의 중요성은 제가 직접 많은 베테랑 트레이더들과 대화를 통해 이끌어낸 중요한 원리 중 하나였습니다. 그들 또한 이런 대화를 통해서 자신의 알 수 없는 '느낌'이 실제로는 어디에서 기인한 것인지를 통찰할 수 있게 되었죠.

여담으로, 이러한 전이가 왜 추세의 연장이나 전환을 짚어내는데 의미가 있는지에 대해서도 머리를 맞대고 토론을 해보았는데, 잠정적으로 내린 결론은 대충 이렇습니다. 꺾일 자리에서 주가가 꺾이지 않는다는 것은 매물이 충분히 소화되었다는 의미이고, 이런 자리에서 주가가 꺾일 것에 베팅했던 사람들은 주가가 꺾이지 않으면 반대 매매로 결국 포지션을 청산해야 하기 때문에 기존 추세에 더욱 박차를 가하게 된다는 것입니다. 반대로 꺾일 자리가 아닌데 주가가 꺾인다는 것은 그만큼 포지션 보유자들이 물량을 처분하는 데 있어서 급하다는 뜻이고, 이러한 급매물이 출회하는 데는 이유가 있겠죠.

사실 정확한 이유는 알지 못합니다. 그러나 경험적으로 주가의 전이 현상은 매매에 적지 않은 도움을 줍니다.

Power Message

꼭지가 나타날 지점에서 상승이 연장되면 상승추세가 이어질 가능성이 크고, 꼭지가 나타날 때가 아닌데 주가가 꺾이면 상승추세가 다했을 가능성이 크다.

시장의 과민 반응과 교정 반응을 주시하라

PROFESSIONAL TRADING

■   주가 파동이 발생하는 원인은 뭘까요?

어렵게 생각할 것 없죠? 시장 참가자들의 진입-청산 사이클이 파동 주기를 만들어냅니다. 다양한 투자 지평을 가진 투자자들이 서로 다른 주기로 시장에 진입과 청산을 반복하면서 다양한 주기의 성분 파동이 만들어지고 이러한 성분 파동이 중첩되면서 우리가 실제로 보는 주가 사이클이 나타나는 거죠.

파동 진폭의 크기는 진입과 청산에 동원되는 유동성이 클수록 커진답니다. 시중에 돈이 넘쳐나서 사람들이 일시에 몰려들어왔다가 일시에 빠져나가면 큰 버블이 하나 완성된다는 얘기입니다. 반면 시장에 아무도 관심이 없으면 주기를 분별하기 힘들 정도로 진폭은 작아지죠.

버블의 발생과 소거에는 언제나 시장 참가자들 사이의 상호작용이 중요한 역할을 합니다. 시장에는 언제나 싼 것을 좋아하고 비싼 것을 싫어

하는 바겐 헌터와 시세가 움직이는 방향으로 쫓아가는 추세추종자의 두 그룹이 공존합니다. 전자는 시세의 평균 회귀에 기여하고, 후자는 시세의 평균 이탈에 기여하게 되죠. 시스템 용어로 표현하면 전자는 음성 피드백, 후자는 양성 피드백을 만들어내는 세력입니다. 잘 아시겠죠?

다음 그림은 랜덤한 진동을 보이는 진동자의 진폭을 일정 비율로 키웠을 때 어떤 현상이 나타나는지를 보여줍니다.

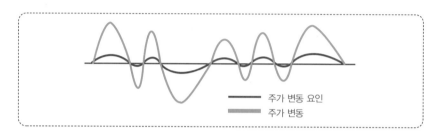

주가 변동 요인
주가 변동

시장에 양성 피드백과 음성 피드백이 존재함으로써 오버 슈팅과 언더 슈팅, 그리고 그것의 교정이 일어난다고 볼 수 있습니다.

실전 사례를 통해 시세가 과연 정말로 오버 슈팅과 언더 슈팅을 하는지 살펴볼까요? 2009년의 북핵 사태를 모델로 삼아보겠습니다. 이해하기가 쉬우니까요.

2009년 5월 25일 오전 11시 36분, 북핵 실험 가능성에 대한 뉴스가 발표됩니다.

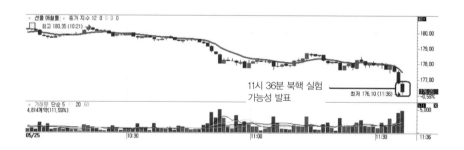

이에 따라 선물지수가 갑자기 폭락하기 시작합니다.

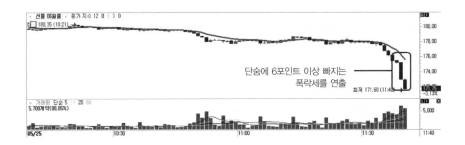

단숨에 6포인트 이상 빠지는
폭락세를 연출

폭락세는 끊이지 않고 이어져 171포인트까지 하락합니다.

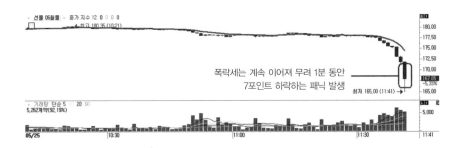

폭락세는 계속 이어져 무려 1분 동안
7포인트 하락하는 패닉 발생

급기야는 165포인트를 찍고 아래꼬리를 발생시킵니다. 패닉 장세가 연출된 것입니다. 그러나 이후의 행보를 눈여겨봐야 합니다.

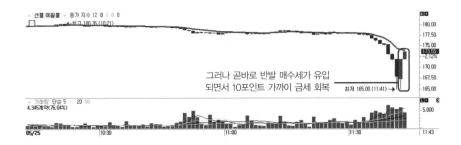

그러나 곧바로 반발 매수세가 유입
되면서 10포인트 가까이 금세 회복

선물지수는 단숨에 낙폭을 만회해 버립니다.

종합해서 보겠습니다.

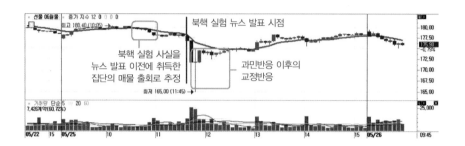

어떻게 시장이 북핵 실험이라는 악재성 주가 변동 요인을 증폭시키는 지 알 수가 있죠?

재미있는 사실은 바로 이러한 과정에서 추세라는 것이 생겨나고 수익 의 기회 또한 발생한다는 것입니다.

자, 이런 시장 특성을 이용해서 어떻게 수익을 낼 수 있는지 생각을 해 보도록 할까요?

여기에는 두 가지 방법이 있습니다.

• 주가가 과민반응을 하는 때에 추세에 동참하여 추세가 꺾이기 전에 청산한다.

• 주가가 과민반응을 보인 이후 균형 상태로 교정되는 과정에 동참하 여 균형 상태로 회귀하면 청산한다.

서로 달라 보이는 전략이지만 결국 수익은 시장의 과민 반응과 교정 반응을 통해 나타나는 추세에서 비롯된다는 점을 알 수가 있죠.

다가오는 큰 추세를 준비하라

PROFESSIONAL TRADING

세상 많은 변화들은 겉으로 보기에는 점진적이기보다는 어느 날 갑자기 폭발적으로 나타나죠. 이것은 여러분이 알아두어야 할 아주 중요한 사실입니다!

여러분은 이런 경험이 있으셨는지 모르겠네요. 공부를 백날 해도 실력이 늘지 않는 것 같습니다. 그래도 뚝심으로 계속 공부를 하던 어느 날, 갑자기 '아하!' 순간이 찾아오면서 그동안의 모든 것이 일시에 이해가 됩니다. 소위 말하는 '통찰'의 순간이 찾아오는 거죠. 그런 적이 없었나요? 저는 학창 시절 수학 문제를 푸는 과정에서 이런 경험을 많이 했습니다. 어려운 문제는 1시간 가까이 고민해도 해답이 보이지 않습니다. 그러나 끈기 있게 실마리를 찾아 물고 늘어지다 보면 갑자기 어느 순간 길이 보이는 겁니다.

과학자들은 보이지 않는 곳에서 변화가 잉태되어 어떠한 임계점 critical point 에서 변화가 폭발적으로 현실화되는 것을 상전이 phase transition 라고 표현합니다. 일례로 물을 0도에서부터 끓이면 100도가 되기까지 액체 상태에 있습니다. 그러나 100도를 넘어서는 순간 물은 갑자기 기체 상태로 상전이를 합니다. 반대로 물은 상온에서는 액체이지만 0도 이하로 얼리면 갑자기 '얼음'이라는 결정체로 상전이가 되죠.

저는 오랫동안 주가 흐름을 살펴보면서 이와 같은 과정이 시장에서도 일어나는 것이 아닌가 의심하고 있습니다. 시세가 크게 폭발하기 전에 때

◆ 종합주가지수 주봉차트 ◆

고요함 속에서
시세는 잉태되고…

때로 시장은 고요한 상태에 있습니다. 그래서 겉으로 보기에 시장에는 아무런 변화가 없는 것처럼 보이죠.

그러나 그러한 고요함 속에서 변화는 잉태되고 있는 것입니다. 물량이 부화뇌동 투자자로부터 소신파 투자자의 손으로 이동하면서 시세의 불안정성은 감소하고, 시세가 장기간 횡보하면서 폭발의 여건이 조성되는 겁니다.

그러다가 어떠한 임계점에 다다르면 갑자기 매도 물량이 사라져버리는데 이렇게 되면 갑자기 시세가 폭등하면서 거래량이 터지고, 폭발적인 추세 국면으로 접어듭니다.

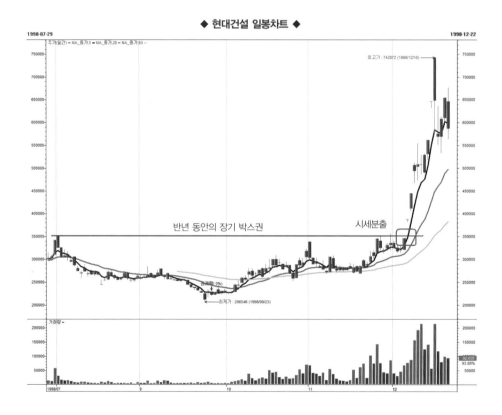

◆ 현대건설 일봉차트 ◆

시장이 고요할 때는 다가오는 커다란 추세를 준비하는 자세가 필요합니다. 이러한 고요한 상태가 언제 끝날지는 알 수 없으므로 침착하게, 그러나 끈기 있게 시장이 임계점에 다다를 때까지 살아남으세요. 그래야 꿈을 이룰 수 있답니다.

Power Message

시장이 고요할 때 다가올 폭풍우를 준비하라. 시장이 표면적으로 고요할지라도 그 이면에는 큰 변화를 위한 물밑작업이 진행 중이며, 어느 순간 임계점에 다다르면 상상 이상의 대폭발을 보여주기도 한다.

그들은 정말 있을까?

■   작전주….

어떻게 생각하시나요? 대한민국의 개투라면 누구나 한번쯤은 작전주에 대한 환상을 품어봤을 것입니다. 저 또한 예외는 아니라서 한때 시세를 조종하는 작전 세력이 존재하고, 이들과 동승만 하면 큰돈을 벌 수 있을 거라 생각한 적이 있었습니다. 이러한 생각은 50%는 맞고 50%는 틀립니다.

시세를 조종하려는 작전 세력은 항상 있습니다. 그러나 그들이 시세를 완벽히 조종하는데 성공하는 경우는 드뭅니다. 그도 그럴 것이 시세라는 것에는 워낙 변수가 많아 그것을 완벽히 통제한다는 것은 사실 불가능에 가깝기 때문이죠. 거기에 더해 내부자들의 결속도 잘 다져야 하므로 성공 확률이 떨어지게 됩니다.

최근에는 외국인들을 파생시장을 통해 우리 시장을 리드하는 거대한 작전 세력으로 간주하는 사람들도 많이 눈에 띄는데, 이 또한 50%만 진실입니다. 외국계 헤지펀드들이 이머징마켓의 파생시장을 노리고 들어오는 것은 사실이지만 그들이 늘 성공하는 것은 아니랍니다. 대표적인 예로 2008년 폭락장에서 상당수의 헤지펀드들이 롱 포지션을 취했지만, 시세의 폭락은 생각보다 오래 진행되었고 옵션 만기일이 반등 이전에 닥치면서 그들은 천문학적인 손실을 보았습니다.

물론 그들은 그 이후에도 고집스럽게 롱 포지션을 새로 구축하면서 대반등에서 상당한 수익을 취했지만, 그들이 폭락장에서 입은 손실을 간과해서는 안 될 것입니다.

시장을 조종하려는 세력은 늘상 있습니다. 시장에 충격을 줌으로써 시장의 쏠림 효과를 만들어내고 이를 역으로 이용해 시장에서 이익을 챙기려는 거대자본의 수법은, 그 기원도 오래되고 이머징마켓에서 늘 사용되고 있는 것이지만, 그 사용 빈도만큼이나 실패하는 일도 잦다는 사실을 잊지 마세요.

한마디로 잘라 말하면, 시장을 자신이 원하는 대로 완벽하게 조종할 수 있는 단일 세력은 없다고 보는 것이 맞다는 겁니다. 시장은 모든 투자자들 위에 있으며, 제아무리 날고긴다하는 고수라도 방심하면 시장에 당하게 되어 있습니다. 어떤 경우에라도 겸손함을 잃지 말아야 하는 이유랍니다.

개투들은 시장의 약자 입장에 있다 보니 상당한 피해 의식을 가지고 있는 경우가 많고, 그래서 늘 어떤 거대 세력이 시세를 마음껏 조종하면서 내 돈을 털어가고 있다는 피해의식에 사로잡히게 됩니다.

이런 생각은 오늘날 우리나라에만 있는 것도 아니고, 과거 미국에서 제시 리버모어도 공매도로 시장을 뒤흔드는 선도 세력으로 지목되어 곤혹을 치렀던 일이 있었죠. 폭락장에서 돈을 잃은 개투가 제시 리버모어에게 욕설로 가득 찬 편지를 보내기도 했답니다.

저는 돈을 잃고 세력 탓하는 사람이 이 세상에서 제일 못난 사람이라고 봅니다. 아니, 돈을 잃는 건 자기 욕심 탓이지 왜 세력 탓입니까. 남 탓하면서 주식할거면 주식판 떠나야 합니다. 한편으로 작전에만 편승하여 이득을 챙기려는 개투들은 언젠가 작전 세력과 함께 침몰하게 될 겁니다.

작전주 투자에 대한 환상… 저는 개인적으로 여러분들 모두 접었으면 합니다. 그런 불법적인 방법이 아니더라도 시장에서 돈을 벌 수 있는 방법은 얼마든지 많습니다.

이제까지 저는 귀가 따갑도록 추세를 얘기했습니다. 그것이야말로 가장 큰 수익을 가장 정직한 방법으로 챙길 수 있는 길이라고 여기기 때문이죠.

도대체 시세의 원리란 무엇입니까? 간단히 얘기하자면 시장에서 상방론자와 하방론자가 맞붙는 과정에서 발생하는 것이 시세입니다. 상방론자는 주가가 떨어질 때마다 매수하려고 할 것이고, 하방론자는 주가가 튀어오를 때마다 매도하려고 하겠죠. 그런 과정에서 지지와 저항이 발생하는 것입니다. 이런 전투에서 한동안 황소가 이기거나 곰이 이기는 것이 지속되면 상승추세 혹은 하락추세가 발생합니다.

기억해두어야 할 것은, 상승추세에서도 곰은 존재하고 하락추세에서도 황소는 존재한다는 겁니다. 다만 상대 진영의 압도적인 힘에 의해 계속 밀릴 뿐이죠! 추세의 배후에는 거역할 수 없는 힘이 도사리고 있습니다 (물론 추세가 오래 진행될수록 대중이 그 추세를 버렸을 때 전환 속도도 그만큼 빠른 법이지만).

그리고 추세는 대부분의 사람들이 생각하는 것보다 오래 갑니다. 주가가 떨어지기만을 바라는 상방론자 —즉, 대기 매수자— 가 존재하는 한 주가는 계속 조정 시마다 튕겨 올라가기 때문이죠!

세력이 시세를 조종하는 것이 아니라 시세가 세력을 조종하는 것입니다. 시장을 장기적으로 이길 수 있는 세력은 존재하지 않으며, 시세 그 자체가 시세를 만드는 원리를 이해해야 합니다.

더 이상 헛된 피해의식에 사로잡히지 말고, 시세의 움직임과 그 추진력에 대해 연구하세요! 그렇다고 터무니없이 높은 수익을 추구하다 보면 과한 욕심이 재앙을 불러일으키기도 합니다. 현실에 기초한 추세추종 전략… 꼭 성공하시기 바랍니다. 작전주 같은 것에는 아예 눈길을 주지 마시길.

Power Message

세력이 시세를 조종하는 것이 아니라 시세가 세력을 조종하는 것이다. 시장을 장기적으로 이길 수 있는 세력은 존재하지 않으며, 시세 그 자체가 시세를 만드는 원리를 이해해야 한다. 그리고 작전주 투자에 대한 환상은 그만 버려라.

과연 만능일까

PROFESSIONAL TRADING

트레이더는 어쩔 수 없이 기술적 지표에 의존해 매매 전략을 구성할 수밖에 없죠. 그러다 보니 상당히 많은 트레이더들이 기술적 분석을 맹신하게 되는 경향이 있답니다.

그러나 기술적 분석은 만능이 아니에요. 과거의 주가 자취만으로 미래의 주가를 모두 예측할 수 있다고 보는 관점은 사실일 수가 없죠. 여러분이 기술적 분석의 이러한 한계를 분명히 인식하고 사용하지 않으면 기술적 분석은 도리어 모르는 것만 못해요.

몇 가지 예를 들어볼까요.

장대양봉이 나타날 경우 주가가 상승 국면으로 전환되거나 상승이 지속되는 경우가 많다고 봅니다. 그러나 과연 그럴까요? 다음 차트를 보겠습니다.

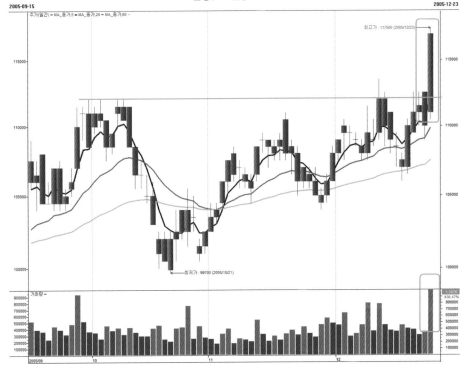

◆ 삼성SDI 일봉차트 1 ◆

시뻘건 장대양봉이 엄청난 거래량을 동반하면서 터졌습니다. 게다가
전 고점의 저항선까지 돌파해버렸네요. 차트에 대해 조금이라도 공부해
본 사람은 이 모습을 보고 이 종목이 앞으로 큰 상승을 보일 것이라고 예
측할 것입니다.

다음은 그 이후의 모습입니다.

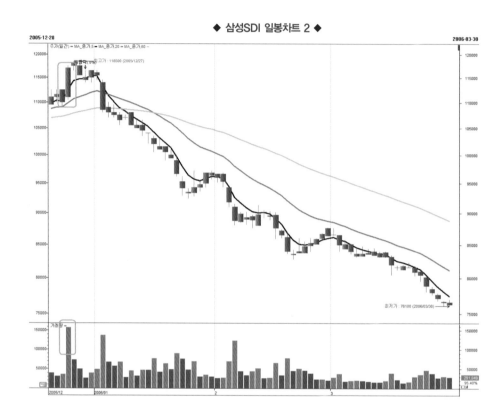

◆ 삼성SDI 일봉차트 2 ◆

주가는 처참할 정도로 폭락해버립니다. 차트 분석가라면 누구나 상승의 신호라고 해석했을 '거래량 실은 장대양봉'은 상승의 신호가 아니라 꼭지의 신호였던 것입니다.

그렇다면 다음의 예는 어떨까요?

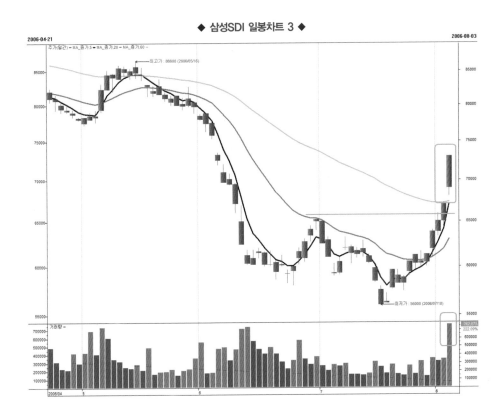

◆ 삼성SDI 일봉차트 3 ◆

이번에도 주가는 전 고점을 거래량 실은 장대양봉으로 돌파했습니다.

상승의 신호일까요?

그렇습니다. 이번에는 상승이 이어졌네요.

장대양봉이 어떨 때는 꼭지의 신호이고 어떨 때는 교과서에 나오는 대로 상승의 신호가 되기도 합니다. 그렇다면 장대양봉이 신호로서의 가치를 가지고 있다고 말할 수 있을까요?

분명 장대양봉은 주목할 만한 가치가 있지만 그것을 단순히 상승신호로 해석했다가는 큰일 나는 경우가 있어요. 기술적 분석을 맹신하는 사람들은 요즘은 그 누구도 단일봉 분석을 통해 투자를 하지는 않는다고 말할 것입니다. 그렇다면 다른 예를 들어볼까요?

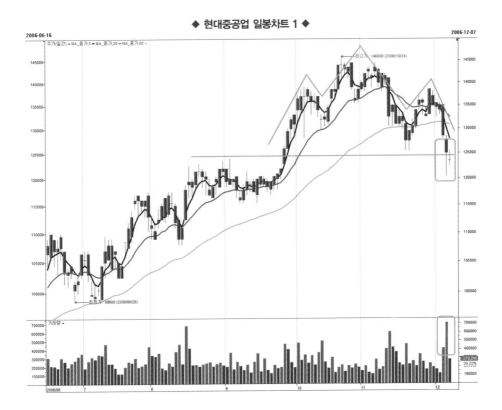

◆ 현대중공업 일봉차트 1 ◆

2006-06-16   2006-12-07

고공권에서 헤드앤숄더^{head & shoulder} 패턴을 보여준 후 네크라인^{neckline}을
붕괴시키고 있는 모습입니다. 때마침 거래량도 터져주고 있네요. 그렇다
면 차후 주가는 폭락해야 합니다. 맞죠?

차후의 행보입니다.

이거야 원! 매도의 신호가 아니라 대박의 신호였군요.

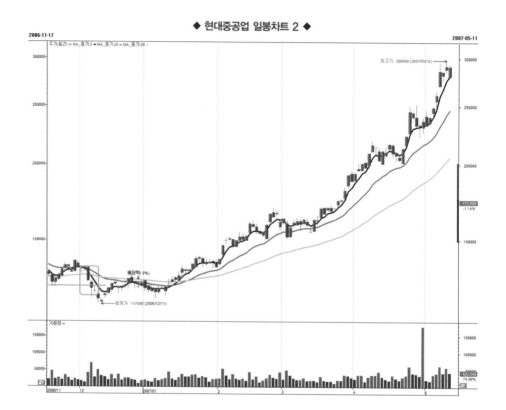

◆ 현대중공업 일봉차트 2 ◆

마지막으로 하나만 더 살펴볼게요.

◆ 하이닉스 일봉차트 1 ◆

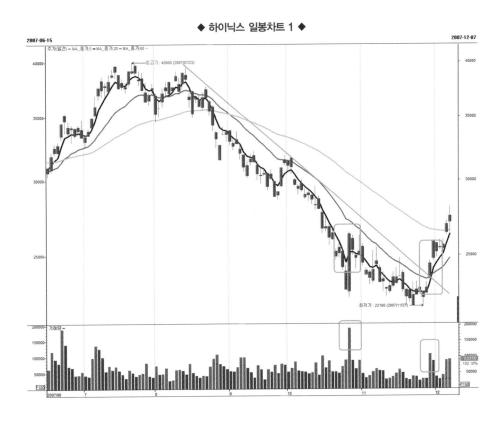

주가가 오랜 기간의 하락 추세선을 거래량과 함께 상향 돌파했군요. 이
제 하락세는 끝나고 상승세로의 돌입인가요?

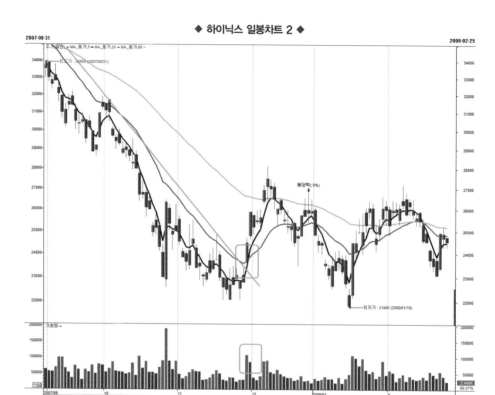

◆ 하이닉스 일봉차트 2 ◆

글쎄요. 별로 아닌 것 같죠?

이런 식으로 현존하는 기술적 분석기법의 틀린 예를 보자면 끝도 없습니다. 기술적 분석의 오류를 줄이기 위해 다양한 맥락을 고려하여 분석하는 것이 분명 도움이 되기는 하지만 그렇다 해도 완벽한 주가 예측 비법 같은 것은 존재하지 않죠.

트레이더는 기술적 분석을 참고하기는 하되 그 한계를 인식하고 시장의 변화에 유연하게 대처해나갈 수 있어야 합니다.

Power Message

기술적 분석은 결코 만능이 아니다. 트레이더는 기술적 분석을 알아야 하지만 동시에 그 한계도 분명히 알고 있어야 한다. 즉, 기술적 분석의 유연한 활용이 필요하다.

쩐의 흐름을
타라

과연 계획대로 이행할 수 있는가

PROFESSIONAL TRADING

■   실전 전략은 아주 간단합니다. 시세를 분석하는 것도 중요하지만 그 이상으로 매매의 핵심은 계획대로 매매할 수 있는가에 달려 있습니다.

초보 트레이더를 위한 가장 좋은 연습은 소액으로 시스템 신호를 따라 기계적으로 매수, 매도해보는 것입니다. 처음부터 돈을 벌려고 애를 쓰지 마세요. 어차피 돈 못 법니다. 그럴 바에야 매매를 하면서 빠지게 되는 오류를 제거하기 위한 훈련이 가장 우선시되어야 합니다.

제가 여러분이 연습할 수 있는 좋은 매매전략을 하나 소개해 드릴게요.

- 매수: 주가가 20일 이동평균선 상향 교차
- 매도: 주가가 5일 이동평균선 하향 교차

몇 달 동안 여러 종목을 가지고 이대로만 해보세요.

꼭 해보셔야 합니다. 만일 몇 달 동안 정말 이대로만 할 수 있다면 여러분은 훌륭한 트레이더의 자질을 가지고 있습니다. 그러나 아마도 이대로 하기 참 힘들 겁니다. 어떻게 그걸 아냐고요? 흐흐. 저도 경험해봤거든요!

제가 스승님께 처음 매매를 배웠을 때 스승님이 저에게 요구한 연습이 무엇이었는지 아세요? 주가가 3일 연속 오르면 사고 3일 연속 내리면 팔아보라는 것이었습니다. 미친 전략이었죠. 그런데 그 연습은 정말 값진 연습이었습니다.

그 연습을 통해서 돈 벌었냐고요? 당연히 못 벌었죠! 그렇지만 이런 연습은 정말로 많은 것을 가르쳐줍니다. 해보면 압니다. 그러니 눈 딱 감고 꼭 해보세요.

이걸 익숙하게 하게 되면 이제는 일봉 차트가 아니라 분봉 차트로 같은 전략을 시행해보세요. 이 훈련은 냉정함과 순발력을 길러줍니다. 그 다음에는 이제 매일마다 자신만의 창의적인 전략을 만들어서 그대로 시행하는 연습을 해보세요. 자기 전에 차트를 본 후 내일의 매매 계획을 세우는 겁니다.

"음… 오늘 주가가 전 고점 근처에까지 왔네. 만일 내일 전 고점을 돌파하면 매수하자. 그리고 5일 이동평균선을 하향 교차할 때까지 홀딩하자. 만일 매수했는데 전 고점으로부터 2% 이상 빠지면 당장 손절매해야지. 하지만 전 고점을 돌파하지 못하면 계속 관망하자!"

이런 식으로 매일 다음날의 매매 계획을 세워둔 후 잠에 드는 겁니다. 그리고 그 다음날에는 반드시 전날의 매매 계획을 이행하세요.

매매 계획을 기계적으로 이행할 수 있는 능력이 왜 매매에서 중요할까요? 이 질문에 한마디로 답하자면 그것은 군사훈련이 필요한 이유와 똑같습니다. 전쟁에서 이기느냐 지느냐는 참으로 다양한 요소에 의해 결정되지만 승리의 가장 기본적인 조건은 쫄병이 지휘관 말대로 움직여야 한다는 것이죠. 물론 쫄병이 지휘관 말대로 움직인다 해도 지휘관이 바보이면 전쟁에서 지겠죠. 그러나 지휘관이 아무리 훌륭하고 전략이 좋아도 쫄병이 지휘관 말대로 움직이지 않으면 말짱 헛것입니다.

창의성과 유연함을 발휘해야 하는 때는 전략을 설계할 때이지, 실제 시장에 참여하는 때가 아닙니다. 트레이더는 누구나 시장 속으로 들어가면 근시안적이 되고 눈앞의 시세에 반응하는 일차원적 생물로 전락하고 만답니다.

Power Message

매매 전략을 세우고 그것을 지키는 연습부터 하라. 아무리 많은 지식을 가지고 있어도 자신이 세운 계획대로 매매하지 못한다면 성공적인 트레이더가 될 수 없다. 기계적 매매에 대한 훈련은 트레이더의 기본이다.

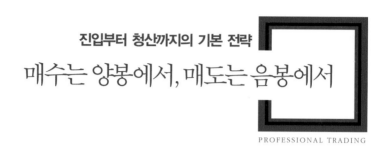

매수는 양봉에서, 매도는 음봉에서

PROFESSIONAL TRADING

■　　　기계적인 매매 훈련이 어느 정도 되었다면 이제는 진입 전략에 대해 고민해봐야 하는 시점입니다.

포지션 진입을 위해서는 먼저 추세를 알아야 하고 추세를 파악한 후에는 되돌림 시점을 파악해야 해요. 되돌림에서 진입하는 것은 매매 전략의 기본이죠. 그리고 가장 탁월한 성과를 보입니다.

현물 투자자들 사이에서는 되돌림 진입을 두고 눌림목 매수라고도 부릅니다. 기법은 아주 가까운 곳에 있다고, 눌림목 매수는 제가 알고 있는 한 가장 좋은 진입 전략 중 하나입니다.

우선 추세의 발생을 판단하기 위해서는 주가가 의미 있는 저항이나 지지 수준을 돌파하였는가를 먼저 살펴보세요. 그러나 돌파하는 와중에 진입하는 것은 그다지 추천하고 싶은 방법은 아닙니다. 대체로 되돌림은 언제나 발생합니다. 주가는 파동 운동을 하기 때문이죠

(물론 때때로 되돌림이 발생해야 할 시점에 주가가 연장되는 때가 있는데 이것은 봉우리의 우측 전이가 일어나고 있다는 뜻이므로 추격 매수하는 것을 고려해 볼 만합니다).

기술적 분석에서 개인적으로 가장 중요시하는 부분은 파동의 박자를 파악하는 것이죠. 주가 파동에는 분명 박자가 있으니까요. 그리고 때로 장세가 전환되는 시점에서 파동의 박자가 바뀝니다. 주가는 얼핏 보면 무작위적으로 보여도 자세히 들여다보면 주기적인 리듬이 있답니다. 물론 눈을 크게 뜬 사람에게만 보이지요.

자, 이제 추세추종과 역발상을 결합시켜 볼까요?

Dips on a rally(랠리의 눌림목)란 주가가 랠리를 펼치는 와중에 갑자기 생기는 하락입니다. 대개 이럴 때 개투들은 겁을 내고 물량을 털립니다. 그런데 프로 트레이더는 이때 역발상을 발휘하여 진입의 기회를 노리는 것입니다.

Dip이 파동 주기의 마디에 상응하는 곳에서 발생하면 이곳에서 주가가 튀어오를 확률은 커집니다. 그러나 dip이 발생했다고 곧바로 반등을 예상하고 매수해서는 안 됩니다. 양봉이 나올 때까지 기다려야 하죠. 또한 dip이 전 저점을 깨버리면 그것은 dip이 아닙니다. 하락추세입니다.

매수 진입은 언제나 양봉에서, 매도 진입은 언제나 음봉에서 하세요. 캔들차트 식으로 표현하자면 가장 좋은 매수의 자리는 음봉 이후 등장하는 상승장악형 양봉이고, 매도의 자리는 양봉 이후 등장하는 하락장악형 음봉입니다.

좋은 매수 자리를 찾는 것이 중요한 이유는 진입 후 곧바로 평가수익이

나는 것이 심리적으로도 안정감을 주고 스톱 주문을 걸어놓기도 용이하기 때문이죠. 물론 초기 평가손실에 크게 신경 쓰지 않는 추세추종 트레이더는 돌파 시 dip을 기다리지 않고 곧바로 올라타기도 합니다. 터틀 트레이더로 유명한 리처드 데니스$^{Richard\ Dennis}$가 이런 방법을 썼죠. 정답은 없지만 제 개인적인 경험에 의하면 가능하면 매수의 자리는 처음부터 평가수익이 나면서 시작할 수 있도록 하는 것이 여러 모로 좋습니다.

청산 전략은 트레이더의 타임프레임에 따라 달라지죠.

눌림목 진입 이후 단 하나의 소(小)파동만을 먹는 것이 목표인 단기 트레이더는 주가 모멘텀이 감소하는 즉시 타임스톱을 하는 것이 좋습니다. 특히나 모멘텀이 감소하는 시기가 파동 주기의 절반 정도 시점에서 일어난다면 이 지점이 소파동의 고점일 확률이 큽니다.

한 개 이상의 소파동으로 구성된 추세를 먹으려는 트레이더는 청산선 전략을 사용하는 것이 좋고요. 즉 parabolic trailing stop을 사용하든가 추세선 혹은 이동평균선 교차를 청산 신호로 사용할 수 있습니다. 그러나 이러한 청산 전략을 사용할 때는 주가가 금방 다시 청산선을 회복하는 경우에 대비하여 재진입 전략을 미리 설계해두는 것이 필요합니다.

장기 추세를 모두 먹으려는 트레이더는 샹들리에 청산$^{chandelier\ exit}$이라고 불리는 청산 전략을 사용하는 것이 좋아요. 이것은 이미 설명한 바 있듯, 가장 최근의 고점으로부터 일정 비율로 주가가 하락할 때(혹은 매도 포지션의 경우 가장 최근의 저점으로부터 일정 비율 상승할 때) 청산하는 방법입니다. 비율 대신 ATR을 사용하기도 합니다. 예를 들자면, 가장 최근 고점 대비 1.5 ATR이 감소하면 청산하는 전략이 있을 수 있겠죠.

요요 청산^{Yoyo exit}도 널리 사용되는 청산 방법의 하나인데, 가장 최근의 종가 기준으로 주가 변동성이 추세 방향과 반대 방향으로 커질 때 청산하는 방법이죠. 이 방법은 다 좋지만 주가 변동성이 커지지 않은 채 추세 전환이 일어나는 경우 청산이 매우 늦어질 수 있다는 단점이 있답니다.

사실 청산 전략에 정답은 없어요. 다만 파동 박자를 이용해 극점에서 청산하느냐, 아니면 극점 청산을 포기하고 수익의 장기적인 극대화를 노리느냐에 따라 타임스톱, 트레일링스톱, 샹들리에스톱 중 하나를 선택하게 됩니다.

손절매는 크게 상대 손절매 전략과 절대 손절매 전략으로 나눌 수 있습니다. 상대 손절매 전략 중 가장 일반적인 형태가 진입 시점 대비 일정 비율 손실이 나면 끊어내도록 하는 것이죠. 이것은 진입 시점이 어디냐에 따라 손절 라인이 정해지므로 상대 손절매 전략이라고 하는 겁니다.

이와는 달리 진입 시점이 어딘가 와는 상관없이 유의한 지지선이 붕괴되는 시점에서 손절 라인을 설정하는 방법도 있습니다. 이걸 두고 절대 손절매 전략이라고 하죠.

전자는 애초에 리스크의 크기를 한정할 수 있다는 점에서 유리하지만 변동성이 심한 추세가 진행되는 와중에는 조기 청산의 가능성이 존재한다는 단점이 있습니다. 반면 후자는 쉽사리 청산이 이루어지지 않기 때문에 강력한 추세가 진행되는 과정에서 수익을 극대화할 수 있는 장점은 있지만 오류 신호에 속았을 경우 필요 이상의 손절매 비용을 감당해야 한다는 단점이 있죠.

일단 어느 정도 평가수익이 발생하는 시점에서는 손절 라인을 본전 가격으로 끌어올릴 필요가 있어요. 이것을 두고 본전 주문^{breakeven order}이라고 하죠.

정리해보자면, 포지션의 진입 직후에는 손절 라인을 설정하고, 평가 수익이 일정 역치 이상 발생하면 손절 라인을 진입가격으로 끌어올려서 최악의 경우에도 손실은 발생하지 않도록 조치하는 것이 필요하죠.

혹자는 본전주문에 의해 잦은 매매가 이뤄질 수 있다는 점을 지적할 수 있지만 어차피 본전 가격에 파는 것이니까 잃을 것은 없습니다. 추세가 시작될 때 다시 올라타면 되니까요.

Power Message

추세를 가늠한 후 되돌림 파동이 나왔을 때 진입하는 것이 정석이다. 되돌림 파동을 기다리지 않고 따라가야 하는 때도 물론 있을 수 있지만 그만큼 리스크는 커지기 마련이다. 타임 프레임에 따라 청산 전략을 다르게 가져갈 수 있고, 손절매 전략은 크게 상대 손절매 전략과 절대 손절매 전략으로 나눌 수 있다. 다양한 전략을 시험해보고 자신의 취향과 상황에 따라 적절히 구사할 수 있게 되는 것이 매우 중요하다.

일봉이 아닌 주봉차트를 활용하라

PROFESSIONAL TRADING

매매 전략은 두루뭉수리하게 나누자면 두 가지뿐입니다. 하나는 주가가 올라갈 때 사고, 떨어질 때 파는 전략입니다. 제가 시종일관 권유하고 있는 '추세추종 전략'이 바로 이겁니다. 다른 하나는 주가가 쌀 때 사고 비쌀 때 파는 전략입니다. 싸거나 비싸다는 말이 애매모호하지만 어쨌든 주가가 과거 어느 시점보다 떨어졌을 때 사고 올라갔을 때 파는 거죠.

각각의 카테고리 안에는 다양한 전략이 존재하기 때문에 어느 하나가 다른 하나보다 더 우수하다고 말하기는 어려운 입장이지만, **순수하게 기술적 지표에 의거해 행해지는 저점매수, 고점매도 전략은 장기적으로 추세추종 전략보다 성과가 열등합니다.** '순수하게 기술적 지표에 의거'라는 말의 의미는 이를 테면 "저 PER에 매수하여 고 PER에 매도한다"와 같은 전략은 제외한다는 뜻이죠. 이런 전략은 펀더멘털 정보를 포함하기 때문에 순수한 기술적 지표에만 의거한 판단이 아닙니다.

추세추종 전략의 특징은 비추세 구간에서 잃어주고 추세 구간에서 먹는다는 것입니다. 따라서 추세추종 전략은 추세 구간의 비율이 높거나 큰 추세가 발생하는 시장이나 종목에서 아주 유리합니다. 반대로 저점매수, 고점매도 전략의 특징은 비추세 구간에서는 먹지만 추세 구간에서는 수익을 놓치거나 손실을 본다는 것이지요.

추세추종 전략이 대체로 우수한 성과를 보였다는 것은 달리 말해 대부분의 시장이나 종목은 움직일 때 크게 움직이는 성향이 있다는 것입니다 (물론 그렇지 않은 시장이나 종목도 분명 존재합니다).

여러분은 만능 전략은 존재하지 않는다는 것을 받아들이세요. 그것이 바로 훌륭한 전략가로 성장해나가기 위한 가장 기초적인 지식이니까요. 모든 전략은 장세와의 호환성에 의해 그 효과가 결정됩니다. 전략이 장세와 맞아떨어지지 않으면 큰 손실을 봅니다. 가위는 보를 이기지만 주먹에는 집니다. 그리고 아빠는 아들에게는 강하지만 엄마한테는 약합니다. 그런데 아들은 엄마한테 강하죠.

따라서 모든 전략을 구상할 때는 장세를 판단하는 것이 가장 우선시되어야 합니다. 그렇다면 장세를 어떻게 판단해야 할까요? 사실 장세를 판단하는 방법에 정답은 없습니다. 다만 이 책에서는 제가 사용하는 방법을 간단하게 소개하기로 하죠.

개인적으로 저는 장세를 판단할 때 주봉 차트를 활용합니다. 일봉이나 분봉에서 나타나는 신호보다 주봉 이상의 차트에서 나타나는 신호가 더 믿을 만하기 때문이죠. 차트에 12주 이동평균선을 띄웁니다. 장세 판단의 방법은 아주 간단합니다.

- 주가가 12주 이동평균선을 상향 교차하면 상승장이다.
- 주가가 12주 이동평균선을 하향 교차하면 하락장이다.
- 주가가 12주 이동평균선을 한 방향으로 교차한 지 10봉 이내에 반대
  방향으로 교차하면 횡보장이다.

정말 쉽죠? 예를 몇 개 들어볼까요?

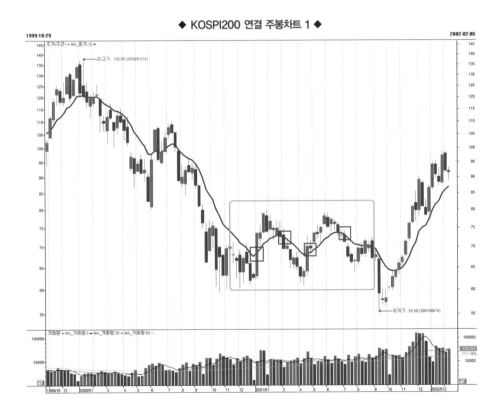

◆ KOSPI200 연결 주봉차트 1 ◆

전형적인 횡보장의 모습이죠. 주가가 12주 이동평균선을 상향 교차하면 10봉 이내에 다시 하향 교차합니다. 결과적으로 이동평균선이 주가 궤적의 중심을 꼬챙이처럼 뚫고 지나갑니다.

◆ KOSPI200 연결 주봉차트 2 ◆

이번에는 상승장과 하락장이 번갈아 나타난 모습입니다. 과연 이러한 상승장, 하락장 구분법이 실제로 유용했을까요?

다음은 연결선물지수 주봉 차트를 대상으로 12주 지수 이동평균선 교차 전략으로 매매했을 때의 성과를 보여줍니다.

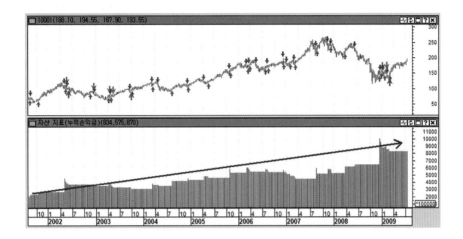

누적 수익곡선이 안정적으로 우상향하고 있죠? 제 경험에 따르면 이 방법은 장세를 판단할 수 있는 효과적이고도 손쉬운 방법 중 하나이죠. 혹시나 같은 방법을 일봉 차트나 분봉 차트에 적용하여 장세를 판단할 수는 없는지 궁금해하시는 분들이 있을 겁니다.

한마디로 답변 드리면 일봉 차트 이하는 이런 단순한 구분법이 잘 안 맞습니다. 사용하지 마세요. 장세는 주봉 차트로 파악하시면 됩니다.

Power Message

장세를 판단하는 방법에 정답은 없으나 12주 이동평균선을 중심으로 주가의 위치를 파악하는 것이 간단한 방법 중 하나다. 매매 전략은 언제나 장세를 판단한 이후 이에 맞게 설정되어야 한다. 모든 장세에서 돈을 벌어다주는 만능 전략은 존재하지 않는다.

변동성의 파악

시장의 질을 판단하는 핵심이다

■　　　보통 상승장 초기에는 변동성이 감소하고 하락장이나 상승장 막판에서는 변동성이 증가하죠. 더 쉽게 풀어서 말하자면, 주가란 처음 올라갈 때는 천천히 올라가다가 막판이 되면 가파르게 올라가고 떨어질 때는 급격히 떨어지는 경향이 있다는 것이죠.

　개투들이 대세 상승장에서 자주 소외되는 가장 결정적인 이유는 아마도 대세 상승장 초기에서 시세가 야금야금 오르기 때문이 아닐까 저는 생각합니다. 개투들은 힘차게 올라가는 붉은 양봉을 좋아하거든요. 개투들이 너도나도 증시판으로 달려드는 때는 대개 변동성이 증가하는 상승장 막판입니다.

　옵션을 하는 개투들에게 있어서 변동성을 파악하는 일은 특히나 더욱 중요하죠. 변동성이 감소하는 장에서 옵션 매수로 승부를 보려 하다가는 십중팔구 깡통을 찹니다. 깡통! 옵션 매수는 본래 꼭지와 바닥 근방, 그리고 하락장에서 하는 겁니다. 그 외 횡보장이나 완만한 상승장에서 옵션을 굳이 해야 한다면 옵션 매도 쪽으로 방향을 트는 것이 더 현명하죠.

변동성을 가늠하기 위해 고안된 지표는 다양하지만, 가장 널리 사용되는 지표로는 ATR Average True Range이 있습니다.

◆ KOSPI200 연결 주봉차트 1 ◆

위 차트를 보면 주가가 상승하는 초반에 ATR은 하락하거나 횡보하는 것을 볼 수 있죠. 그래서 개투들은 상승장이 도래한 줄도 모르고 소외됩니다. 바로 이때 메이저는 야금야금 물량을 사 모으고 있죠.

　녹색 박스에서 보면 주가가 조정 받을 때 ATR이 증가합니다. 또한 보라색 박스에서 보듯, 대세 상승장 막판에 가서도 ATR은 증가하는 모습을 보입니다.

　주가 꼭지와 바닥 근처에서 ATR이 크게 증가하는 모습을 보여줍니다. 대개 이런 변곡점 구간에서 개투들은 미친 듯이 주식을 사든가 팔든가 합니다. 참으로 안타깝죠.

개투들은 시세를 판단하는데 있어서 변동성을 함께 고려하는 것이 별로 익숙하지 않습니다. 그러나 사실 변동성 파악은 시장의 질을 판단하는데 있어서 핵심적 요소예요.

조금 더 일반화시켜 보자면, 변동성이 큰 파동은 그 수명이 짧습니다. 또 파동은 장기적으로 보면 올라간 만큼 내려오고, 내려간 만큼 다시 올라가는 고무줄과 같은 특성이 있어서 급격하게 상승한 주가는 그만큼 급격하게 떨어질 가능성을 가지고 있다고 볼 수 있죠.

대세 상승장이라 함은 오랜 기간에 걸쳐 꾸준한 주가 상승이 이루어지는 기간을 말합니다. 따라서 조정도 없이 지나치게 가파르게 상승하는 국면은 대세 상승장이 아닌 속임수 상승이 아닌가 하고 의심해 볼 수 있는 것입니다.

시장 메이저들 입장에서 보면 급격한 상방 변동성은 개투들을 낚을 수 있는 아주 좋은 미끼임을 알 수 있어요. 만일 그들이 장기적으로 물량을 매집해 나가려고 한다면 굳이 시장가로 주가를 밀어 올리면서 사재기할 이유가 없죠. 도리어 최대한 천천히, 시장의 주목을 받지 않고 끌어올리려고 할 것입니다.

저는 이렇게 생각하기를 좋아합니다. 장대 양봉이 하나씩 발생할 때마다 시장으로 개투들이 한 무더기씩 더 들어온다고! 반대로 올라가더라도 미미하게 올라가면 개투들은 별로 관심이 없다고!

변동성 주기의 파악은 또한 옵션 매매자들에게는 그 무엇보다도 중요합니다. 왜냐하면 옵션이란 결국 변동성과 시간의 싸움이기 때문이죠. 변동성이 커지는 국면에서는 옵션 매수가 유리하고 작아지는 국면에서는 매도가 압도적으로 유리해집니다.

시장의 변수 중 하나로 변동성을 언제나 함께 고려하는 습관을 기르시기 바랍니다.

대세 상승 초반에는 변동성이 작고, 대세 상승 후반이나 하락장에서는 변동성이 큰 것이 일반적이다. 대개 큰 변동성은 시장이 개투를 엮거나 쫓아내는 효율적인 방편임을 기억한다면 변동성을 어떻게 투자 판단에 이용할 것인가에 대한 답도 얻게 된다.

베어마켓 랠리

패닉 직전의 랠리를 조심하라

PROFESSIONAL TRADING

■　　과거 증시 차트를 살펴보다 보면 재미있는 구석이 발견될 때가 많죠.

하락장이 진행되는 과정에서 패닉이 찾아오기 직전에 주가 랠리가 펼쳐지는 경우가 종종 있습니다. 하락장에 지친 개투들에게 메이저들이 마지막 희망을 팔아먹는 과정이랍니다.

개투들이 베어마켓 랠리에 물리면 주가는 미친 듯이 폭락하며 패닉 장세를 연출합니다. 개투들은 두 번 당하는 거죠. 하락장 초입에 참여해서 당하고, 베어마켓 랠리에 물려서 당합니다. 그 다음 개투들이 마지막으로 당하는 곳은, 바닥권의 횡보입니다. 지구전을 통해 개투들을 나가떨어지게 합니다. 개투들이 시장을 모두 떠난 다음에야 주가는 조용히 다시 이륙을 시도하는 것이죠.

◆ 종합주가지수 주봉차트 1 ◆

베어마켓 랠리

위 차트를 보면, IMF 시기에 두 번의 베어마켓 랠리가 있었습니다.

◆ 종합주가지수 주봉차트 2 ◆

2000년과 2002년 하락장에서도 개투에게 마지막 희망을 팔아먹는 베어마켓 랠리가 있었죠.

가장 최근의 버블 붕괴에서도 베어마켓 랠리는 어김없이 나타났습니다.

이로 미루어볼 때, 하락장이 진행되는 와중에 변동성이 증가하면서 갑자기 폭발적인 상승이 나타날 때는 베어마켓 랠리가 아닌지 의심해보세요. 메이저는 절대로 개투들 좋은 일 시키지 않습니다. 폭발적 상승은 일종의 광고입니다.

"개미야, 어서 사라!"

진정한 상승은 소리 소문 없이 슬금슬금 진행되기 마련이죠. 완만한 상승과 폭발적 상승의 배후에 있는 메이저의 심리를 꿰뚫어 보세요.

하락장에서 나타나는 급격한 상승파동은 개미를 물리기 위한 베어마 켓 랠리는 아닌지 의심해야 한다. 이때 변동성을 파악하는 것이 매우 중요하다.

매매 성과가 최고의 피드백이다

PROFESSIONAL TRADING

그럼 이제 서로 다른 장세에서 어떤 전략을 사용해야 할 것인지 잠깐 살펴볼까요?

- 완만한 상승장: 롱 포지션의 장기 홀딩
- 막판 불꽃: 단타 놀이, 옵션 양매수
- 하락장: 헷지된 숏 포지션
- 패닉 국면: 옵션 양매수
- 베어마켓 랠리: 단타놀이, 현물 미처분 물량이 있을 시 처분
- 횡보장: 박스권 놀이, 옵션 양매도

장세와 전략이 궁합이 맞으면 돈이 벌리게 되어 있습니다. 만약 돈이 안 벌리면 장세를 잘못 판단한 것은 아닌지 스스로를 되돌아보세요. 매매 성과는 최고의 피드백입니다.

다양한 장세 가운데서도 가장 큰 수익은 추세장에서 발생하는데 이때의 관건은 추세를 끈질기게 붙들고 가는 것이죠. 이런 목적을 위해 유용하게 사용할 수 있는 것이 주봉 차트의 이동평균선입니다.

5주 이동평균선

중기적 추세의 지속 여부를 파악하는데 있어서 저는 5주 이동평균선을 가장 중요한 것으로 꼽습니다. 강한 추세는 5주 이동평균선을 타고 달립니다. 설사 5주 이동평균선을 이탈한다 하더라도 1봉 이내에 회복한다면 추세는 붕괴된 것이 아니라 재개됩니다. 다음 몇 가지 예를 통해 이를 확인해볼까요.

◆ 현대차 주봉차트 1 ◆

◆ NHN 주봉차트 ◆

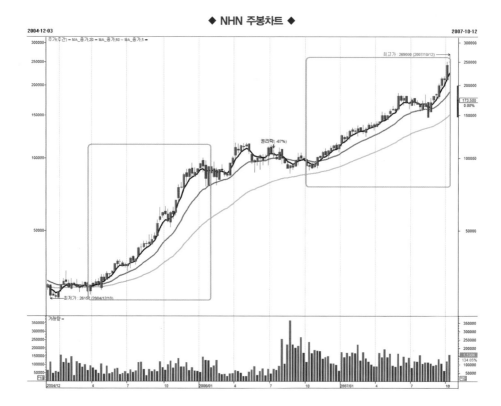

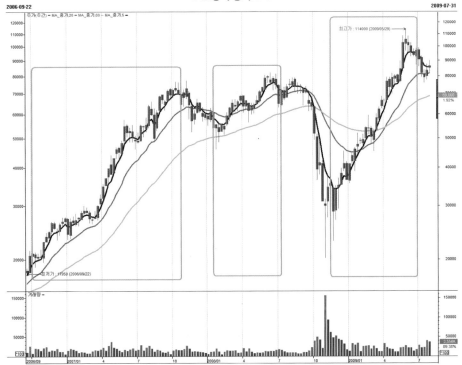

◆ 효성 주봉차트 ◆

어느 차트나 강한 상승 추세에서는 5주 이동평균선을 2봉 이상 이탈하지 않는 것을 볼 수 있죠. 비법은 멀리 있는 것이 아닙니다. 시세가 5주 이동평균선을 이탈하면 매매 심리가 악화되기 때문에 세력은 일시적으로 주가를 흔들지라도 추세를 재개시키기 위해서는 1봉 이내에 5주 이동평균선을 회복해야만 하죠. 5주 이동평균선은 강한 추세를 확인하는 1차 지지선입니다. 이를 절대 잊지 마세요.

20주 이동평균선

주가가 5주 이동평균선을 깼다 하더라도 20주 이동평균선에서 반등하면 주가가 5주 이동평균선을 회복하는 즉시 추세로 재진입하는 것이 좋습니다.

◆ STX엔진 주봉차트 ◆

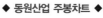

◆ 동원산업 주봉차트 ◆

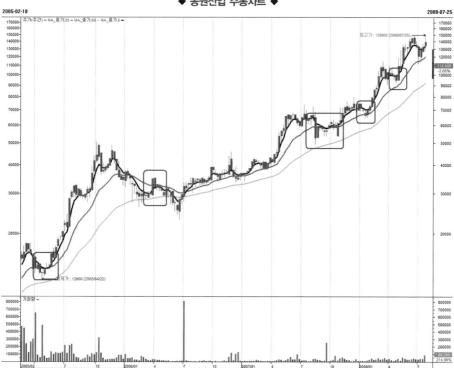

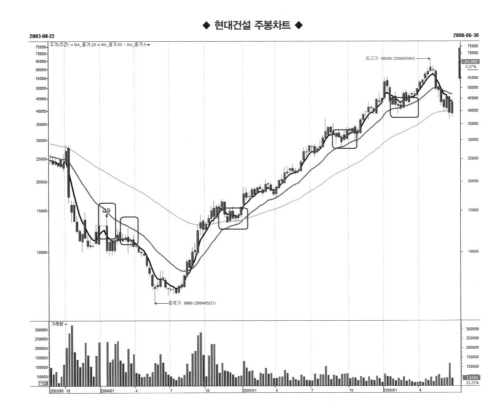

◆ 현대건설 주봉차트 ◆

20주 이동평균선에서 튕겨 올라가면 추세가 되살아나는 걸 볼 수 있죠.

60주 이동평균선

60주 이동평균선은 추세의 마지막 보루입니다. 여기서 지지 받지 못하면 추세 전환이 일어났다고 판단하세요.

◆ 대림산업 주봉차트 ◆

◆ 현대차 주봉차트 2 ◆

◆ LG화학 주봉차트 ◆

위의 차트들에서 볼 수 있듯이 60주 이동평균선에서 시세가 지지 받을
때는 저가 매수를 할 수 있는 좋은 기회입니다.

Power Message

5주, 20주, 60주 이동평균선은 중요한 지지나 저항의 자리가 되는 경우
가 많다. 따라서 추세를 포기하기 전에 이러한 구간에서의 지지나 저항
을 확인하는 것이 바람직하다.

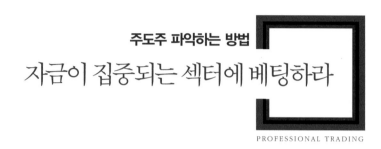

주도주 파악하는 방법

자금이 집중되는 섹터에 베팅하라

PROFESSIONAL TRADING

지수는 모든 종목의 주가를 평균한 것이지만 모든 종목이 지수에 동일하게 영향을 주는 것은 아닙니다. 어느 한 시점에는 언제나 지수를 이끄는 소수의 종목군이 있답니다. 이러한 종목군 중에서도 가장 강하게 상승하는 종목을 주도주라고 하죠.

주식시장에서 자금의 흐름을 어떻게 파악할 수 있을까요? 역시나 여기

◆ 업종지수 코드 ◆

001	종합주가지수	010	비금속광물	019	운수창고
002	대형(시가총액)	011	철강, 금속	020	통신업
003	중형(시가총액)	012	기계	021	금융업
004	소형(시가총액)	013	전기, 전자	022	은행
005	음식료품	014	의료정밀	024	증권
006	섬유, 의복	015	운수장비	025	보험
007	종이, 목재	016	유통업	026	서비스업
008	화학	017	전기가스	027	제조업
009	의약품	018	건설업		

서도 방법은 아주 간단합니다.

옆 페이지를 보면 각종 업종지수의 코드가 나와 있습니다. 정기적으로 각 코드를 입력해서 차트를 비교해보면 되죠. 아래처럼 HTS의 비교 차트 기능을 활용하는 것도 도움이 됩니다.

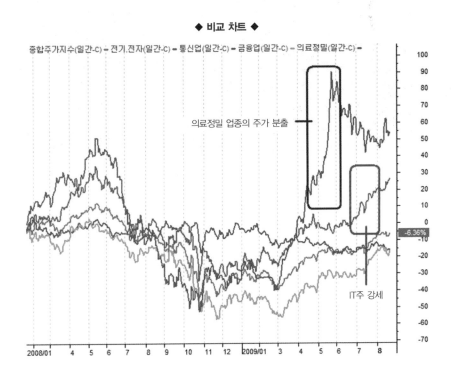

◆ 비교 차트 ◆

예를 들어 2009년 3월부터 상대적 저평가에 있었던 의료정밀 업종이 폭발적인 강세를 보였습니다. 그러다가 오버슈팅 후 제자리를 찾아가는 과정에 있는 듯하죠? 가장 최근에는 IT주로 자금의 흐름이 일어나고 있는 것이 보입니다.

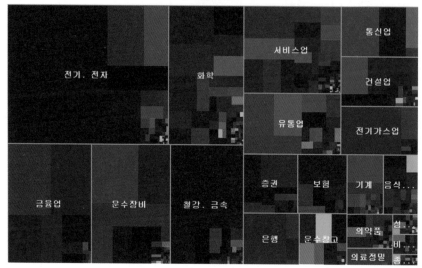

◆ 시장지도 ◆

전기. 전자
화학
서비스업
통신업
건설업
유통업
전기가스업
증권
보험
기계
음식...
금융업
운수장비
철강. 금속
은행
운수창고
의약품
성...
비...
종...
의료정밀

비교 차트가 시간의 흐름에 따른 자금의 이동을 잘 보여준다면 시장
지도Market map는 하루 동안의 업종간 자금 배분을 단면적으로 잘 보여줍
니다.

HTS에서 설정하기 나름이지만 이 경우 색깔이 붉은 색일수록 상승률
이 높음을 나타냅니다. 시장 지도를 통해서 매일매일 자금이 어느 섹터로
쏠렸는지를 일목요연하게 알 수 있죠. 위 시장 지도의 경우 유통업과 기
계주에 매기가 붙은 것을 볼 수 있죠?

국가별 지수 비교를 통해 글로벌 자금이 어느 시장을 선호하고 있는지
도 파악이 가능합니다.

◆ 국가별 지수 비교 ◆

다우존스 산업지수(일간-C) ━ 종합주가지수(일간-C) ━ 중국상해종합지수(일간-C) ━

이머징 마켓의 버블

주가상승: 중국 〉 한국 〉 미국

2000/01 2001/01 2002/01 2003/01 2004/01 2005/01 2006/01 2007/01 2008/01 2009/01

차트에서 최근 자금은 중국으로 폭발적으로 집중되고 있는 것이 보입니다. 선진 증시는 상대적으로 소외 받고 있는 느낌입니다.

조금 더 거시적인 안목에서 시장간 자금흐름Intermarket cash flow을 추적하는 것도 의미가 있습니다.

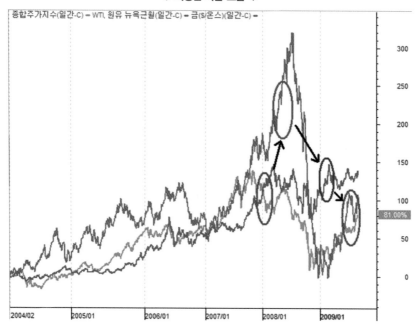

◆ 시장간 자금 흐름 ◆

종합주가지수(일간-C) ─ WTI, 원유 뉴욕근월(일간-C) ─ 금($/온스)(일간-C) ─

   2007년 말 주식시장에서 자금이 빠져나오면서 그 자금의 일부는 원유
시장으로, 일부는 금시장으로 들어가기 시작했죠. 그러다가 투기자금이
원유시장으로 집중되면서 유가 버블을 만들어냈어요. 유가 버블이 터지
고 주가 대폭락이 일어나면서 자금은 안전자산인 금으로 흘러들어간 것
을 볼 수 있습니다. 그러다가 자금의 일부가 다시 증시로 유입되는 모습
입니다.

   자금 흐름의 파악을 실전에 적용하는 방법은 다음과 같습니다.
   · 단기적으로는 자금이 집중되고 있는 섹터나 시장에 투자
     한다. 즉, 추세를 추종한다.

· 장기적으로는 소외되어 있는 섹터나 시장을 관심권에 두고 모니터링한다. 돈이란 언제나 고평가된 곳에서 저평가된 곳으로 흐르기 마련. 이는 물이 높은 곳에서 낮은 곳으로 흐르는 것처럼 자연스러운 이치이다. 장기 소외된 섹터가 바닥에서 고개를 강하게 쳐드는 모습은 분명 의미 있는 신호라고 할 수 있다.

Power Message

모멘텀 효과와 모멘텀 반전 효과를 이용하기 위해 단기적으로는 자금이 집중되는 섹터를 파악해 베팅하고 장기적으로는 소외된 섹터가 꿈틀거리는 조짐을 모니터링한다.

어떤 종목에 투자할까

대박주의 환상을 버려라

PROFESSIONAL TRADING

■　　　많은 개투들이 궁금해 하는 것 중의 하나가 '어떤 종목에 투자할 것인가' 라는 점이죠. 지금까지의 제 글로 미루어 짐작하셨겠지만, 저는 종목 선정에 대해 회의적인 입장입니다. 분명 시장의 여러 국면마다 시장을 이끌어가는 주도주가 있기는 해요. 그리고 노련한 트레이더는 그러한 주도주를 잘 갈아타며 시장 초과 수익을 얻기도 하죠. 그러나 그것이 결코 쉬운 일은 아닙니다. 아니, 사실 아주 어렵답니다.

　'백이면 백개 모두 폭등 종목을 선정할 수 있다' 는 꿈은 개투들의 뇌리에서 사라지지 않습니다. 이에 대한 제 생각은 이렇습니다.

　저는 가치투자자가 아니라면 종목 선정을 하지 말라고 말합니다. 왜냐? 트레이더는 종목에 투자하는 것이 아니라 시세 변동에 투자하는 것이기 때문이죠. 현물을 하시는 분들에게 제가 가장 권장하고 싶은 종목은 KODEX200입니다.

개투는 흔히 과거의 폭등주 차트를 보며 "와… 저걸 잡았다면 얼마나 좋았을까"라며 군침을 흘리죠. 저 또한 그랬었고요. 그러나 이제는 그것이 덧없는 환상임을 압니다. 그런 폭등주를 다 먹은 사람은 가치투자자이거나 운이 좋은 사람일 겁니다. 사실 이런 점에서 매수 후 보유 전략의 우수성이 드러나지만 반대로 생각하면 매수 후 보유 전략은 폭락파동을 온몸으로 받아내는 결과로도 이어질 수 있죠.

제가 생각하는 올바른 접근법은 종목을 낚으려 할 것이 아니라 시세가 넘실대는 바다 속에서 먹을 만한 시세를 낚아보자는 것입니다. 우리의 목적은 종목이 아니라 시세 변동입니다. 시세 변동! 고로 시세가 변동하는 종목이라면 어느 것이나 수익의 기회가 열려 있다는 것입니다.

제가 아는 모든 고수들의 특징은 매매 방법이 단순하고 우아하다는 것이 하나고, 자신이 좋아하는 패턴이 나올 때만 매매한다는 것이 다른 하나입니다. 욕심을 조절할 줄 알기에 자기가 원하는 시세 패턴이 나오지 않으면 아예 클릭질을 하지 않고, 원하는 패턴이 나왔을 때만 확실한 위험관리와 함께 강하게 베팅을 하는 겁니다. 그리고 팔 수 있을 때 팔아 이익을 챙깁니다. 이해하시겠습니까?

심심하면 매수하고, 겁나면 매도하고… 왠지 오를 거 같으면 매수하고, 떨어질 거 같으면 매도하는 초보 개투님들… 물론 저도 예전에 그랬으니 자괴감에 빠질 필요는 없지만, 이제는 좀 바꿔야 하지 않을까요? 왜 확실하지도 않은 자리에서 베팅을 합니까? 심심합니까? 아니면 돈이 남아돕니까?

이제부터 여러분은 대박주의 환상을 버리셨으면 하는 개인적인 바람이 있습니다. 그게 여러분을 살리는 길입니다. 그렇다면 저는 굳이 왜 개별 종목보다는 인덱스로 거래를 추천하는 걸까요? 시세가 넘실대는 것은 어떤 종목이나 마찬가지인데, 그럴 것이라면 가장 변동성이 큰 종목으로 거래하는 것이 낫지 않을까요?

다음 그림은 인덱스 투자와 개별 종목 투자의 차이를 보여줍니다.

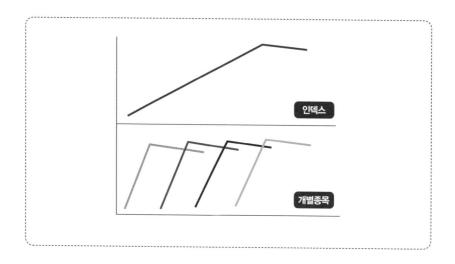

위는 인덱스의 상승곡선을 보여주고, 아래는 서로 다른 주도주들의 상승곡선을 보여줍니다. 주도주들의 상승파동은 인덱스보다 가파르지만 상승기간은 짧은 것이 일반적입니다. 바로 이것이죠! 인덱스에서는 먹을 만한 파동이 주기적으로 계속 나타나지만 개별 종목은 급격한 파동을 한 차례 만든 후로는 잠잠한 경우가 많다는 거예요. 그때는 다른 종목이 파동을 만들고 있겠죠.

물론 인덱스는 모든 종목을 평균한 것이므로 어떤 한순간에는 반드시 주도주보다 낮은 상승률을 보입니다. 이러한 이유 때문에 많은 개투들이 인덱스를 매수하기보다는 주도주에 올라타려고 노력합니다.

인덱스 투자는 어떤 한 시점에서 보면 늘 그 당시의 주도주보다 상승이 뒤처지지만 주도주가 계속 교체되는 와중에도 천천히 계속 상승하므로 장기적으로 보면 어설프게 행해진 주도주 교체 매매보다 더 나은 수익을 올려줍니다.

많은 현명한 트레이더는 그래서 대세 상승장에서 편안한 마음으로 인덱스에 올라탑니다. 교체 매매에 소요되는 시간과 비용을 감안한다면 장기적으로 보면 그것이 훨씬 더 이득일 수 있기 때문이죠. 적어도 효율적 시장가설 신봉자들과 이를 필두로 한 학계의 결론에 따르면 그렇습니다.

어찌되었든, 적극적인 추세추종 교체 매매를 할 것인가, 인덱스를 추종할 것인가는 트레이더 스스로가 결정할 일입니다.

Power Message

주도주 교체 매매보다 인덱스 추종 매매가 비용 면에서 보면 우수하다. 뛰어난 트레이더는 교체 매매로 시장 초과 수익을 얻기도 하지만, 매번 성공적으로 주도주를 잘 갈아탄다는 것은 결코 쉽지 않은 일이다.

시스템 트레이딩

또 하나의 무기

PROFESSIONAL TRADING

■ 　시스템 트레이딩이란 순수하게 기술적 지표를 바탕으로 생성된 매매 신호대로 기계적으로 거래하는 방법을 말하죠. 시스템 트레이딩을 배우는 것은 프로 트레이더를 지망하는 사람에게 있어서는 필수적인 과정이에요.

왜냐? 시스템 트레이딩을 통해 시장과 자기자신을 객관적으로 분석하는 능력이 크게 신장되기 때문이죠. 저는 이 책에서 시스템 트레이딩에 대해 장황하게 설명하지는 않을 생각입니다. 그렇게 되면 이 책은 더 이상 읽기가 고통스러운 책이 되니까요.

시장에서 경험을 쌓아오면서 훌륭한 트레이더는 어떤 한 가지에 푹 빠져드는 사람이기보다는 전체를 조망하는 능력이 있는 사람이라는 생각을 하게 되었습니다. 저 또한 시스템 개발에 5년이라는 시간을 투자했었지만, 시스템 트레이딩 그 자체 속에 모든 해답이 있는 것은 아니라는 결론에 이르게 되었답니다. 시스템 트레이딩을 하나의 전략 툴strategy tool로 바라보지 못하면 시스템 트레이딩에서 만능 전략을 찾아내려는 어리석은 여정을 떠나게 됩니다.

말씀 드렸다시피 모든 장세에서 돈을 벌어다줄 수 있는 전략이란 존재하지 않습니다. 그러나 특수한 장세에서 아주 효과적인 전략은 분명 존재하지요. '양날의 검'이라는 말이 있죠? 어떤 도구이든 쓰는 사람에 따라서 효과가 달라지는 법입니다.

시스템 트레이딩을 배움으로써 얻게 되는 가장 큰 수확은 아마도 자신의 전략과 성과를 객관적으로 분석하는 방법론일 것입니다. 승률, 수익률, 진입 효율, 청산 효율, MDD, 보상비율, Sharpe ratio 등등의 개념을 통해 전략의 수익성과 위험을 분석하는 방법을 배울 수 있습니다.

저는 이런 개념을 설명하지 않겠습니다. 시스템 트레이딩 소프트웨어를 지원하는 증권사는 대체로 시스템 트레이딩에 대한 교육 프로그램도 운용하고 있습니다. 시스템 트레이딩을 배우고자 하는 열망이 있는 진지한 트레이더라면 이러한 구체적인 내용은 그러한 교육 프로그램을 통해 충분히 습득할 수 있을 것입니다.

시스템 트레이딩을 해봄으로써 트레이더는 추세추종에 대한 자신감을 얻게 되죠. 사실 추세추종 트레이더에게 있어서 가장 큰 도전은 수익이 발생하지 않는 구간에서 과연 끝까지 추세추종 수익 모델을 신뢰할 수 있는가라는 점입니다. 어떤 추세추종 시스템도 특정 구간에서는 역사이클에 걸리는 국면이 존재하기 마련이니까요. 그러나 시스템으로 수익 모델을 검증하게 된다면 차후 매매를 함에 있어서 단기적인 손실이 발생하더라도 추세추종 철학을 포기하지 않을 수 있는 심리적 버팀목을 얻게 될 겁니다.

사실 끝까지 시스테머로 남을 것인지 어느 시점에 가서는 직접 트레이딩으로 돌아설 것인지는 개별 트레이더의 몫이지요. 어떤 경우이든, 자신의 매매 아이디어를 객관적으로 시뮬레이션해 볼 수 있는 방법을 알고 관련 툴을 사용할 수 있다는 것은 큰 무기가 됩니다.

제 개인적인 경험에 비추어보면 시스템 트레이딩을 공부함으로써 헛된 매매에 대한 환상을 깰 수 있었던 것 같습니다. 시중에 나와 있는 수많은 '비법'들을 코딩하면서 하나하나 시뮬레이션 해보면 그것의 실체가 적나라하게 드러납니다. 결론은 그 어느 것도 '비법'이라고 이름 붙일만한 것은 없다는 것입니다.

기술적 전략을 나누어보면 몇 가지 되지 않습니다. 자꾸 반복하는 감이 있지만 제가 주창하는 전략은 추세의 방향대로 따라가는 전략입니다. 이러한 '추세추종'이라는 거대한 테두리 속에 세부적인 전략이 무수히 존재할 수 있죠. 이평선 교차 전략에서부터 신고가 경신 전략, 쌍바닥 매수전략 등등 여러분도 한번쯤 들어봤을 법한 전략들입니다. 그러한 전략들을 맹신하는 사람들은 마치 그 특수한 전략 속에 어떤 심오함이 있는 것처럼 얘기할지 모르나, 결국 그 모든 전략은 주가가 한번 움직이기 시작한 방향으로 당분간 움직일 가능성이 크다는 점에 착안하고 있죠.

또 다른 종류의 전략은 주가는 결국 끝없이 하락하거나 상승할 수만은 없다는 점에서 착안한 저점매수, 고점매도 전략입니다. 누누이 강조한 것처럼 이러한 전략은 위험합니다. 승률은 높을지 모르나 한번 당할 때 호되게 당하는 단점이 있죠.

시스템 트레이딩을 공부하게 되면 전략을 체계적으로 분류하고 각각의 장단점을 분석하는 방법을 익힐 수 있게 되죠. 그러면서 시장에 냉정하게 대처하는 습관이 길러집니다. 이러한 '습관'의 함양이 장기적으로 투자의 성공에 얼마나 중요한 것인지 모릅니다.

시장에 어느 정도 경험이 쌓인 분들이라면 꼭 시스템 트레이딩에 한번쯤 도전해보기를 권유 드립니다.

Power Message

한번쯤은 시스템 트레이딩을 배워보는 것이 좋다. 시스템 트레이딩을 통해 매매에 대한 객관적 접근을 배울 수 있게 될 것이다. 또한 추세추종 시스템에 대한 신뢰를 더욱 강화할 수 있는 계기도 된다.

미녀53의 트레이딩 방법 ▶

다음은 내가 주로 트레이딩하는 방법이다.

• 완전 정배열 혹은 역배열을 이룬 후 이동평균선이 모였다가 흩어지는 초입에 포지션을 들어간다. 이를 혹자는 눌림목 매매라고 하는데 완전히 틀린 말은 아니다. 눌림목 매매는 제일 안전한 매매 방법 중 하나다. 때로는 돌파 매매를 해야 할 때도 있고 변곡점 매매를 해야 할 때도 있지만 그것은 리스크 관리를 잘하는 고수들에게나 열려 있는 매매임을 잊지 말도록!

• 1분 차트, 5분 차트, 30분 차트, 일봉 차트에서 각각 매매신호가 일치하면 일치할수록 더 강력한 매매 신호가 발생했다고 가정한다.

• 이동평균선 배열이 혼조세일 때는 아무리 클릭질을 하고 싶어도 참는다. 잘못 들어가면 X된다.

• 강한 시세와 거래량을 사랑한다. 시세가 강하게 출발할수록 그것은 겁을 낼 것이 아니라 더 공격적으로 참여해야 함을 의미한다. 물론 결과적으로 아니면 말고… 빨리 손절하고 튀어야지….

• 지지선과 저항선을 무시하지 말자. 지지선과 저항선 근처에 오면 일단은 지지 받거나 저항 받는다는 가정 하에 행동하자. 예를 들어 상승시세에 가담해서 얼굴에 웃음꽃이 피는 와중에 저항선 근처에 오면 일단 익절매한다. 그러다가 저항을 뚫으면 다시 올라타면 되지 뭐… 쩝… 뭐 그렇게 어렵게 살아?

• 일단 시세에 올라타서 평가수익이 발생하기 시작하면 이때부터 차트에 파라볼릭 지표를 추가해서 trailing stop을 한다.

그 반면에 봐서는 안 되는 것들도 있죠.

투자 주체별 매매

외국인이 선물을 엄청나게 샀다고 따라 샀다가는 X될 수 있다. 개인계좌로 위장한 외국인 큰손이 엄청난 물량을 매도하면서 그 물량을 어떤 멍청한 외국인 펀드에서 받아준 걸 수도 있다. 이때 HTS에서는 외국인이 몇 천억 선물을 매수하고 개인이 매도한 것으로 나타날 수 있지만 그건 정말 아무런 정보도 되지 않는다. 물론 때로는 맞을 때도 있지만 안 맞을 때도 많으므로 그냥 무시하자.

경제 뉴스

경제 뉴스는 정말 '황'이다. 시세가 만들어진 후에 이유 갖다 붙이기에 불과하다. 시세 자체가 경제 상황에 대한 가장 좋은 지표다. 주식이 제일 빠르다. 경제가 좋아질 것 같으면 귀신 같이 누가 알고 주식을 사기 시작한다. 경제학자들은 주식 시세를 통해 경제를 예측해야 한다. 그 반대가 아니라.

가치 분석

저는 현물을 할 때도 바닥권에서 어떤 사람이 물량을 왕창 매수한 흔적을 보이면서 계속 입질을 하면 같이 따라 붙는 방법을 사용한다. 나는 어차피 몇 년을 보유할 것이 아니므로! 그 사람들이 나 대신 가치분석을 열심히 해서 좋으니까 샀겠지라고 생각한다.

수익보다
위험관리가 먼저다

투자철학과 매매원칙을 세워라

PROFESSIONAL TRADING

■   만일 트레이딩을 심심풀이 땅콩으로, 혹은 순수하게 재미만으로 한다면 자신의 감각만을 동원해서 도박을 해도 상관이 없습니다. 트레이딩은 세상 그 어떤 게임보다 강한 감정이 개입되고 스릴이 넘치므로 뜻한 바의 목적을 달성할 수 있지요.

하지만 만일 트레이딩을 사업으로 접근하여 수익을 추구하는 진지한 트레이더라면 결코 감에 의지한 뇌동매매를 해서는 안 됩니다. 이건 골로 가는 지름길입니다. 프로 트레이더는 트레이딩을 하기에 앞서서 뚜렷한 매매 계획을 가지고 있어야 하는데 이는 사업을 하기에 앞서서 구체적인 사업계획서가 필요한 것과 마찬가지 이치죠.

트레이딩 사업을 시작할 때 가장 근간이 되는 것은 자신만의 투자 철학을 분명하게 확립하는 것입니다. 이 책의 전반부에서 저는 추세추종 철학에 대해 심도 있게 언급을 했는데, 저는 여러분이 특별한 이유가 없다면 추세추종 철학을 자신의 철학으로 도입하기를 바랍니다.

조금 더 세부적으로 들어가자면 기술적 분석에만 의존해서 트레이딩을 할 것인가 아니면 기본적 분석을 보조적으로 활용할 것인가 등이 매매 철학을 구성하는 중요한 기둥이 될 것입니다. 기본적 분석을 활용한다면 주로 어떤 측면에 초점을 맞출 것인가에 대해서도 미리 확립을 해두어야 하겠죠.

사실 저는 이 책에서 펀더멘털 분석에 대해서는 별로 할 말이 없습니다. 저의 경우 비록 매크로의 흐름과 투자 대상에 대한 기본적인 사항은 궁금증이 들어 알아보기는 해도 적어도 매매 전략을 확립함에 있어서는 그것을 크게 고려하는 편이 아닙니다.

어떤 경우든, 투자 철학은 아주 뚜렷한 원칙에 기반해야 하고, 이로부터 모든 매매 전략이 파생되어 나올 수가 있어야 하죠.

그 다음으로 여러분은 어떤 시장에서 트레이딩을 할 것인가를 선택하세요. 현물시장에서 주식 매수거래만을 할 것인지, 파생시장으로 눈을 넓혀 선물거래와 옵션거래까지 할 것인지가 가장 기본적인 선택 범위가 되겠죠. 조금 더 넓은 안목을 가지고 있는 트레이더라면 시장의 범위를 외환시장, 상품 선물시장, 금리 선물 등으로 확장시켜 볼 수도 있을 겁니다. 앞으로 각종 선물거래가 활발해지면서 활동할 수 있는 시장의 종류도 더욱 다양화될 전망입니다.

트레이더의 입장에서 거래할 시장을 선택할 때 고려해야 할 중요한 요소로는 대개 다음과 같은 것들이 있습니다.

유동성

유동적이지 못한 시장에서 거래를 하면 원하는 만큼의 포지션을 확보하거나 처분하는데 어려움이 있을 수 있습니다. 그렇게 되면 슬리피지^{slippage} 비용이 커지는 문제도 간과할 수가 없죠.

변동성

변동성이 큰 시장은 리스크가 큰만큼 기대 수익도 큽니다. 반대로 변동성이 작은 시장은 안정적이기는 하지만 큰 수익을 내기가 어렵죠. 예를 들어 KOSPI 시장의 경기 방어주들은 변동성이 작은 반면 KOSDAQ의 잡주들은 상한가 하한가를 반복하며 움직이고 옵션시장의 경우 하루에도 크게는 5~6배 가까이 상승하기도 하는 등 시장마다 변동성의 차이는 매우 큽니다.

레버리지

현물시장에서도 신용 거래나 미수 거래를 할 수 있습니다. 그러나 일반적인 현물거래에서는 매수할 금액만큼을 계좌에 넣고 시작합니다. 반면 선물거래나 옵션 매도거래에서는 증거금이 필요하죠. 지수선물의 경우 15%의 증거금이 적용됩니다.

외환 FX마진 거래의 경우 기존에는 2%의 증거금이라는 엄청난 레버리지를 활용하다가 2009년 9월 1일부터 5%로 인상된 것으로 알고 있습니다.

레버리지가 클수록 위험관리는 더더욱 중요하므로 빡빡한 위험관리에

능숙한 트레이더라면 높은 레버리지를 거래하는 것을 선호할 수 있죠. 반면 다소 느슨하고 중기적인 트레이딩을 선호한다면 레버리지를 낮추는 것이 현명하겠죠.

> **Power Message**
>
> 거래할 시장을 선택하는 데 있어서 대표적으로 고려해야 하는 요인이 유동성, 변동성 그리고 레버리지이다. 자신만의 투자 철학을 확립한 후 자신의 주거래시장을 정하는 것은 트레이딩의 출발점이다.

리스크 매니지먼트

수익보다 위험관리가 먼저다

PROFESSIONAL TRADING

■   예전에 어떤 노련한 트레이더와 대화를 나눌 일이 있었습니다. 한창 애기가 진행된 무렵 그 분이 말씀하시기를,

"리스크! 리스크가 무엇인지 아는 사람은 트레이딩이 뭔지 안다고 할 수 있지."

저 또한 동의합니다. 수익보다 위험의 관리에 신경 쓰는 트레이더는 장기적으로 수익을 올릴 가능성이 훨씬 큽니다.

위험관리 계획에서 포함되어야 하는 요소에는 대략 다음과 같은 것들을 생각할 수 있습니다.

전체 자본 대비 몇 %를 베팅할 것인가

앞에서 저는 비율 베팅을 권유 드린 바 있어요. 아울러 켈리의 공식에 따라 최적 베팅 비율이라는 것이 이론적으로 존재한다는 점도 알려드렸는데, 그 비율을 실전에서는 정확히 계산해내기 어렵다는 점도 말씀 드렸었죠.

권유하는 비율은 약 10% 정도이지만 트레이더에 따라서 이 비율을 조금 조정할 수도 있답니다. 20% 정도면 매우 공격적인 트레이더라고 할수 있죠.

매매 당 얼마만큼의 손실을 용인할 것인가

매매에서는 이따금씩 찾아오는 대박이 있는 만큼 관리되지 않으면 한번에 계좌를 초토화시키는 쪽박도 있기 마련입니다. 이러한 이유 때문에 트레이더는 처음부터 자신이 용인할 수 있는 최대 손실을 정해두는 것이좋습니다.

만일 한도손실이 발생하면 어떠한 일이 있어도 기계적으로 매매를 중지한 후 새로운 기회를 모색하세요. 최대 허용 손실 한도에 대한 계획 없이 매매를 하다가 헛된 희망만을 가지고 손실을 키우는 트레이더가 얼마나 많은지 모릅니다.

손절매 전략

포지션에 진입하기 전에 가장 먼저 확립되어야 하는 전략은 '언제 빠져나올 것인가' 입니다. 손익 분기점을 기준으로 하든, 차트 신호를 기준으로 하든 자동적으로 트레이딩을 중지할 수 있는 명확한 손절매 기준을 가지지 못한다면 트레이더는 언젠가는 손실이 불어나는 포지션을 끌어안고 그것을 키우게 될 겁니다.

분할 매매 전략

만일 포지션을 확립하기 위해 분할 매매를 생각하고 있다면 여기에 대해서도 분명한 계획을 가지고 있어야 해요. 가령 상승에 베팅하는 트레이더의 분할 매수 계획은 베팅머니의 20%를 5일선에서 집행하고, 20%를 20일선에서 집행하며, 나머지 60%를 60일선에서 집행하는 것이 될 수 있죠.

포트폴리오의 구성

거래하는 시장이나 종목을 다양화시킴으로써 위험을 줄일 수 있다는 사실은 포트폴리오 이론의 골자입니다. 포트폴리오는 다양한 시장이나 종목에만 국한되지 않습니다. 시스템 트레이더의 경우 다양한 전략으로 구성된 전략 포트폴리오^{strategy portfolio}를 운용하고 있는 경우가 많죠. 또한 단기 트레이딩과 장기 트레이딩을 병행하는 포트폴리오를 운용할 수도 있을 겁니다.

매매를 쉬는 기준

트레이더는 누적되는 손실 매매를 경험하게 되면 감정의 변화를 겪게 되죠. 이에 따라 본전을 되찾기 위해 지나치게 공격적이 될 수도 있고, 반대로 의기소침해질 수도 있습니다. 이 모든 것이 트레이딩에서는 아주 큰 트레이더 리스크에 속하죠.

따라서 연속적인 손실 매매를 기록했거나, 손실 금액이 어느 정도 이상 커지게 되면 기분 전환과 컨디션 관리를 위해 매매를 쉬는 기준을 마련해 두는 것이 필요해요. 돈이 벌리지 않는다는 것은 시장과 자신의 전략이 호환되지 않는다는 의미입니다. 결국 자신의 전략과 시장의 호환성이 회복되는 국면까지 시장 밖에서 기다리는 것도 중요한 위험관리 전략이 될 수 있습니다.

Power Message

트레이딩을 시작하기에 앞서서 리스크관리 계획을 세워두는 것이 필요하다. 이러한 계획에는 대개 전체 자본 대비 베팅 비율, 매매당 최대 허용 손실, 손절매 전략, 분할 매매 전략, 포트폴리오 구성, 매매를 쉬는 기준 등이 포함된다.

포지션 진입과 청산시의 체크포인트

추세는 생각보다 오래 간다

PROFESSIONAL TRADING

■   이번에는 포지션 진입과 청산 시에 고려해야 할 사항들에 대해 간단히 살펴보도록 하겠습니다.

포지션 진입에 앞서서

포지션에 진입하기 전에 대략적인 보유 기간이 어느 정도 될 것인가를 가늠해야 하죠. 단기 수익을 위해 매매를 시작했는데 수익이 발생하지 않으면 과감하게 타임컷을 해야 할 수도 있어요.

강한 추세 파동이 나타날 것이라고 판단된다면 포지션 진입 단가에 지나치게 신경 쓰지 마세요. 조금 더 싸게 사려다가, 혹은 비싸게 팔려다가 중요한 기회를 놓쳐버리고 후회하는 일이 비일비재합니다.

큰 거래를 계획하고 있을 때는 포지션 확보를 여러 차례에 나누어 조심스럽게 하는 것이 좋고, 섣부른 충동에 따라 매매를 해서는 안 됩니다. 어느 경우에나 기존의 추세에 반하여 진입을 하는 것은 아주 신중해야 하며, 추세가 완전히 반전되었다는 확증 조건이 나오지 않은 상태에서 추세의 반대 방향으로 풀 베팅을 하는 것은 짧은 시간에 쪽박 차는 결과로 이어질 수가 있답니다. 이것은 오랜 경험에서 나온 아주 현실적인 충고이므로 잊지 마세요.

추세가 많이 진행되었다 해서 막차를 탈 것이라는 두려움에 무조건 추세와 반대로 가는 매매를 하는 트레이더도 많습니다. 이럴 때마다 기억해두어야 하는 점은 "추세는 생각보다 오래 간다"라는 사실입니다. 이미 진행된 추세에 가담하는 것을 너무 두려워하지 마세요. 최악의 경우 꼭지를 잡았다 해도 손절매로 끊어내면 그만입니다.

대부분의 사람들이 추세의 끝이라 생각하는 시점에서 추세는 대개 끝이 나지 않으며 더 연장되는 경우가 많습니다. 또한 자금의 흐름이라는 것은 한번 시작되면 한동안 이어지는 법이므로, 달리는 말이 쉬어가는 듯 보일 때 용감하게 2차 파동을 노려보는 것도 나쁘지 않습니다.

상승패턴이 실패한 불트랩^{bull trap}이나 하락패턴이 실패한 베어트랩^{bear trap}은 포지션 진입을 위한 좋은 신호가 되죠. 예를 들어 의미 있는 지지선이 붕괴되었는데 짧은 시간 내에 주가가 다시 지지선 위로 회복이 되면 상방 베팅을 하기에 좋은 기회가 됩니다. 반대로 의미 있는 저항선을 강하게 돌파하는 듯 보였지만 이내 저항선 밑으로 주가가 떨어지면 이는 추세가 그 힘을 소진해간다는 신호이므로 하방으로 베팅하는 것이 권장됩니다.

가파른 조정은 때로 역발상을 발휘할 수 있는 좋은 시점이 되기도 하죠. 예를 들어 완만한 상승을 이어가던 시세가 갑자기 가파르게 조정을 받으며 의미 있는 지지선을 붕괴시켰다면, 이는 추세의 전환이기보다는 일시적인 흔들림일 가능성이 더 높습니다. 진정한 추세의 전환은 대개 주가가 천정부지로 솟은 이후 상당한 분산 기간을 거친 후 나타나는 경우가 많기 때문이죠. 많은 트레이더들이 조정 시 매수하려고 대기하다가도 막상 강한 조정의 순간에는 겁이 나서 섣불리 진입하지 못합니다. 그러나 노련한 트레이더는 이런 기회를 독수리와 같이 낚아챕니다.

예기치 못했던 단기 악재에 의해 주가가 폭락했을 때는 절호의 매수 기회가 나타난 것입니다. 여기서 예기치 못했던 단기 악재라 함은 정치경제적 돌발 변수에 의해 나타나는 일시적인 현상을 말합니다. 북핵 사태에 의해 주가가 폭락한 것이 좋은 예가 될 것입니다.

포지션에 진입할 때는 지정가 주문으로 야금야금 들어가는 것이 좋아요. 이는 포지션을 청산할 때 시장가 주문으로 재빠르게 해야 하는 것과 반대입니다.

피라미딩을 계획할 때에는 초기 투자 자본보다 큰 금액을 베팅해서는 안 됩니다. 피라미드는 위로 올라갈수록 좁아지니까요. 마찬가지로 추세 파동의 진행 과정에서 추가로 베팅할 때에도 베팅 자금은 점차 작아져야 합니다.

포지션 청산에 대하여

제가 수없이 반복해서 말씀 드렸죠. 모든 포지션에 진입할 때에는 반드시 손절매 전략을 세워두어야 한다고. 가능하다면 진입 순간부터 손절매 자동 주문을 걸어두는 것이 바람직하죠.

현재 시장 움직임이 명백하게 트레이더가 보유하고 있는 포지션과 반대라고 생각된다면 평가 수익과는 무관하게 포지션 청산을 하세요. 자신의 포지션이 추세와 반대라는 것을 알고 있으면서도 포지션을 보유하는 것은 근거 없는 희망에 기대는 것과 다를 바가 없습니다.

모든 매매는 포지션에 진입하기에 앞서서 진입 사유가 있었을 것입니다. 그러나 대부분의 트레이더는 일단 진입한 후에는 자신의 진입 사유를 잊어버리고 그 다음부터는 그저 계좌가 점차 불어나기만을 기도하죠. 애초에 포지션에 진입한 사유가 사라졌다면 포지션을 청산하세요. 자신의 생각이 틀렸음을 인정할 줄 아는 솔직함이 훌륭한 승부사의 근성이랍니다.

지지선에서 매수했거나 저항선에서 매도했는데, 예상과 달리 지지선이 붕괴되거나 저항선이 돌파된다면 이유 불문하고 곧바로 포지션을 청산하세요. 섣불리 되돌림을 기다렸다간 간혹 재앙을 당할 수도 있습니다.

보유 중인 포지션이 수익을 내고 있다면 언제 이것을 처분할까 너무 안절부절하지 마세요. 이제 트레이더는 심리적으로 유리한 구간으로 접어든 것입니다.

이미 평가 수익이 발생하고 있다면 손절매 주문을 본전 주문으로 바꾸고 수익 극대화에 신경 쓰기만 하면 됩니다. 고점을 예단하고 포지션을 청산하지 말고 추세 전환을 확인하고 청산해야 합니다.

포지션을 청산한 이후 새로운 포지션에 진입하기 전에는 인위적으로라도 일정한 시간을 두는 것을 권장합니다. 대개 포지션을 청산한 직후에 트레이더는 강한 감정에 사로잡히기 일쑤죠. 수익을 낸 매매를 청산했다면 더 큰 수익을 낼 것을 너무 일찍 청산했는가라는 의구심과 함께 욕심이 극대화되어 있는 상황이고, 손실 난 상태로 매매를 청산했다면 속이 뒤틀리는 기분과 함께 본전 생각이 간절하기 때문이죠. 대개 이런 순간에 가장 어리석은 매매 판단이 나오는 법입니다.

Power Message

어느 경우에나 기존의 추세에 반하여 진입을 하는 것은 아주 신중해야 하며, 추세의 반대 방향으로 풀 베팅을 하는 것은 짧은 시간에 쪽박 차는 결과로 이어질 수 있다. 애초에 포지션에 진입한 사유가 사라졌다면 포지션을 청산하라. 자신의 생각이 틀렸음을 인정할 줄 아는 솔직함이 훌륭한 승부사의 근성이다.

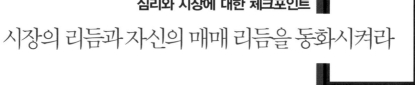

시장의 리듬과 자신의 매매 리듬을 동화시켜라

PROFESSIONAL TRADING

시장의 리듬과 자신의 리듬이 맞지 않으면 투자수익으로 연결될 수 없습니다. 그러기 위해서는 안정된 심리를 유지하고 시장 움직임을 추적할 수 있어야 합니다. 이에 대해 살펴 볼까요.

안정된 매매 심리를 위하여

좋은 매매는 심리적으로 너무 버겁지 않아야 합니다. 만약 어떤 포지션을 보유하는 것이 두렵다면 그 포지션이 너무 크다는 의미입니다. 트레이더는 이런 경우 포지션의 크기를 줄여야 하죠.

주위 사람들의 의견은 한 귀로 듣고 한 귀로 흘려버려야 합니다. 만일 대부분의 사람이 옳다면 대부분의 사람이 돈을 벌어야 하는데 대개 결과는 그 반대로 나타나죠. 매매 판단은 언제나 혼자서 하세요.

자신의 베팅 성향을 늘 예의주시하세요. 어느 순간 갑자기 과도한 베팅을 감행하지는 않는지, 그리고 만약 그런 충동이 일어난다면 그 원인은 무엇인지를 분석해보는 것이 좋습니다. 여러분이 흥분할 때 대다수의 다른 대중도 흥분할 가능성이 농후합니다. 대개 그런 극단적 순간 대중은 언제나 틀리기 마련이죠.

어떠한 이유에서인지 심리가 매우 불안할 때는 모든 포지션을 청산하고 쉬는 게 좋습니다. 시장에 기회는 무한하게 돌아옵니다. 심리 밸런스가 깨졌을 때 트레이더의 계좌도 파괴되기 마련이죠.

지지나 저항은 깨지기 위해 존재하는 것입니다. 그것은 존중되어야 마땅하지만 시세가 계속 지지선이나 저항선을 두드리면 언젠가는 깨지게 됩니다. 지지나 저항 수준에 의해 경직된 관점을 가지고 있지는 않은지 스스로 돌아볼 필요가 있습니다.

시장의 장기적인 추세와 단기적인 추세가 반대라 하더라도 장기 추세에 반하여 단기 추세에 베팅하는 것은 삼가는 것이 좋습니다. 박쥐처럼 상방과 하방을 왔다갔다하지 말고 장기 추세를 가늠한 후 단기적인 되돌림을 장기 추세에 베팅하는 기회로 삼으세요. 결코 모든 파동을 먹으려고 하지 마세요. 돼지처럼 굴면 망하기 마련이니까요.

늘 자기자신의 투자 습관을 점검하세요. 훌륭한 트레이더란 훌륭한 매매 습관을 가지고 있는 사람입니다. 반대로 최악의 트레이더는 최악의 매매 습관을 가지고 있죠. 트레이딩을 배운다는 것은 좋은 매매 습관을 체득한다는 것과 같은 뜻입니다. 즉, 시장의 리듬과 자신의 매매 리듬을 동화시킨다는 것이죠.

중요한 시장 움직임에 대한 조언

신고가와 신저가는 언제나 주목해야만 하는 현상입니다. 누군가 기존의 가격보다 비싼 가격에 사거나 싼 가격에 판다는 것은 대개 이유가 있기 마련이죠.

지루한 박스권이 진행될 때는 섣부른 매매를 삼가고 박스권이 한쪽으로 돌파될 때까지 끈질기게 기다리세요. 섣불리 추세를 예단하고 진입했다가는 반복적인 역사이클에 걸릴 가능성이 높습니다.

급격한 추세 이후 갑자기 방향을 선회하여 반대 방향으로 강하게 움직일 때는 새로운 추세를 따라가세요. 이전 움직임에 미련을 가지고 새로운 움직임에 적응하지 못하면 큰 손실을 보거나 기회를 놓칩니다.

주가가 한참 동안 상승한 후 아주 완만한 돔 모양의 곡선을 상당한 기간에 걸쳐서 그리면 분산이 진행되고 있는 것은 아닌지 의심해보세요. 반대로 주가가 오랫동안 하락하다가 어느 시점에서부터 거래량을 죽이면서 완만한 접시 패턴을 만들고 있다면 매집이 진행 중일 가능성이 있죠.

추세가 진행되는 와중에는 진입할 정거장을 기다리는 마음가짐이 필요합니다. 정거장은 흔한 가격 눌림목으로 나타날 수도 있고, 기간 조정으로 나타날 수도 있으며, 다양한 수렴형 주가 패턴 등으로도 나타날 수 있습니다.

추세 반전의 패턴 중에 그래도 어느 정도 신뢰할 만한 것을 꼽으라면 상승장악형 혹은 하락장악형 캔들 패턴, 첨예한 꼭지나 바닥 패턴, 그리고 섬꼴 반전형 패턴 등을 들 수 있어요.

바닥이나 천장 근처에서 상승 갭이나 하락 갭이 나온다면 이는 중요한 추세 발생 신호일 수 있으므로 시세의 움직임을 면밀히 관찰해야 하죠. 만약 시세가 짧은 기간 내에 갭을 메우지 않는다면 이 갭은 지지선이나 저항선이 되는 경향이 있답니다.

갭 발생 후 빠른 시일 내에 갭이 메워진다면 추세가 반전할 가능성이 높다는 신호입니다. 이때는 메워진 방향으로 베팅하는 것이 권장됩니다.

어느 경우나 잘 알려진 주가 패턴이 실패한 신호로 판명될 때는 반대 방향으로 베팅할 수 있는 좋은 기회가 됩니다. 대개 실패한 신호는 본래의 신호보다 더 신빙성이 있습니다.

주가 파동에는 박자가 있답니다. 조정을 받아야 하는 국면에서 조정이 오지 않으면 강력한 상승이 기다리고 있고, 반등해야 하는 국면에서 반등이 나타나지 않으면 폭락이 기다리고 있는 경우가 많습니다.

Power Message

만약 어떤 포지션을 보유하는 것이 두렵다면 그 포지션이 너무 크다는 의미이다. 트레이더는 이런 경우 포지션의 크기를 줄여야 한다. 지루한 박스권이 진행될 때는 섣부른 매매를 삼가고 박스권이 한쪽으로 돌파될 때까지 끈질기게 기다려라. 섣불리 추세를 예단하고 진입했다가는 반복적인 역사이클에 걸릴 가능성이 높다.

매매일지의 작성

기록으로 남겨야 고수가 된다

PROFESSIONAL TRADING

■　　　저는 철저하게 실전을 존중하는 사람입니다. 똑같은 지식을 가지고 있어도 그 지식을 올바로 활용할 수 있는 사람은 드물죠. 저는 트레이더라는 직업을 예술가라고 생각하고 추한 매매가 있는가 하면 아름다운 매매도 있다고 생각합니다. 제 자신의 매매가 발전해온 과정을 더듬어보면 초창기에는 지저분하고 중구난방이었던 매매가 차차 분명한 논리와 질서를 갖추게 되었죠.

저는 제 매매를 늘 사전에 설계합니다. 매일 밤 자기 전에 다음날 일어날 수 있는 가능한 시나리오를 산정하고 각각의 시나리오에 따라 전반적인 매매계획을 수립한 다음 잠자리에 듭니다. 다음날 실전에서는 실제 상황에 맞춰 매매계획을 구체화시킨 후 실행합니다. 때로 약간의 임기응변이 필요하기도 하지만 매매의 큰 틀은 이미 정해져 있는 거지요.

매매일지는 수학으로 치면 문제풀이 노트입니다. 수학 공식 아무리 외

운다고 수학 문제 잘 풉니까? 수학은 많이 풀어봐야 실력이 느는 거고, 수학을 푼다는 건 노트를 사서 거기에 연필로 끄적거린다는 뜻입니다. 오답 노트를 만들고 자기가 어디에서 많이 틀리는지 검토한 다음에 다시는 같은 실수를 반복하지 않도록 피드백을 받는 것, 그것이 바로 학습이라는 과정이잖아요.

클릭질을 10년 동안 한 것만으로 주식에 통달했다고 뻐기는 무늬만 고수인 사람도 종종 있죠. 1년을 경험하더라도 체계적으로 공부한 사람은 그렇지 않은 사람과 모든 면에서 차이가 나게 되어 있답니다.

많은 개미들이 공부라고 하면 서점에 가서 주식책 사서 눈으로 흘겨 내려주고 고개 끄덕끄덕거려 준 다음에 회심의 미소를 지으면 그게 단 줄 압니다. 정말 한심하기 짝이 없어요. 진짜 주식공부가 뭔지 아십니까? 깨지면서 배우는 게 주식공부입니다. 실전으로 배우되, 그 실전을 기록으로 남기지 않으면 그 경험은 절대로 체계화되지 않습니다.

매매일지를 작성하는 방법에 어떠한 정해진 형식이 있는 것은 아닙니다. 다만 제 개인적인 경험을 바탕으로 트레이딩 능력 향상에 도움이 되는 것들이 있기에 언급해보겠습니다.

거래한 종목의 차트

저는 매일 선물지수 차트를 프린트해서 매매일지 노트에 오려붙입니다. 그러고 나서 추세선, 지지선과 저항선을 표시하죠. 일봉 차트, 30분봉 차트, 5분봉 차트를 붙이고 1분봉 차트 혹은 옵션 차트는 매매일지 기록에 필요한 경우에만 붙입니다. 최근에 저는 현물은 거의 거래하지 않기 때문에 현물 차트를 붙이는 경우는 드물지만 현물도 비슷합니다. 데이트 레이더라면 자신이 거래한 종목의 일봉 차트, 30분봉 차트, 5분봉 차트를 붙이는 것이 적당하다고 봅니다. 스윙 트레이더라면 매일 매매일지를 작성할 필요는 없고 거래를 하는 날에 작성하면 됩니다.

진입시점, 청산시점, 손절매가 혹은 손절매시점

진입시점은 빨간 동그라미, 청산시점은 파란 동그라미, 이익실현하여 손절매가 이루어지지 않은 경우 손절매가만 표시하고 실제로 손절매가 이루어진 경우 초록색 세모로 표시합니다.

매매 전략 혹은 사유

그 전날에 설계했던 시나리오별 전략을 적습니다. 그 다음 실제로 이루어진 진입 혹은 청산에 대한 사유를 적고 매매가 결과적으로 성공했는지 실패했는지를 적습니다. 성공 사유와 실패 사유가 매매의 설계 자체에 있는지 아니면 설계 자체는 문제가 없었으나 자기자신의 심리 통제에 실패한 것이 문제였는지 또한 기록합니다. 사실 이 부분이 트레이딩 실력 향상에 가장 중요하다고도 할 수 있어요.

구체적인 매매내역

매수금액, 매도금액, 실현 손익, 미실현 손익, 수익률, 포트폴리오 변동 내역 등을 구체적으로 기재합니다. 그 다음 전반적인 자산 변동 내역과 전체 자산 대비 주식(혹은 파생) 보유 비중을 표기합니다.

간단한 시황 및 뉴스

중요한 정치·경제적 변화 및 이벤트가 있다면 적고 그러한 이벤트가 주가에 어떻게 영향을 미쳤는지를 기록하죠. 개별 종목의 경우 종목 뉴스가 있다면 반드시 적도록 하고 그것과 주가와의 상관관계를 적도록 하며 뉴스가 주가에 선 반영되었는지, 되었다면 얼마나 빨리, 어느 정도로 반영이 되었는지를 적습니다. 이러한 과정을 통해 트레이더는 각종 재료와 그 재료가 투자자들 사이에서 얼마나 호재 혹은 악재로 받아들여지는지를 배우게 되죠.

테마 및 업종 현황

이건 선택사항입니다. 저는 더 이상 이 부분은 표기하지 않습니다. 과거 테마주 매매를 할 때는 매일매일 상한가를 친 종목을 조사하고 관련 테마, 상승한 업종과 하락한 업종을 구분하여 적었습니다. 또한 상승종목수-하락종목수를 계산하여 적었습니다.

증시 주변 여건 체크

금리, 환율, 고객 예탁금 현황, 주요 원자재(금, 원유, 비철금속, 반도체 등) 가격 추이, 발틱 운임 지수 등을 주기적으로 체크합니다. 중요한 경제지표가 발표될 경우 그것 또한 표기하는데 놓쳐서는 안 됩니다. 그런 지표들을 몇 가지 꼽으라면 소비지표, 물가지표, 통화량지표, GDP 등이 있습니다.

간단한 시황 및 뉴스, 테마 및 업종 현황, 증시 주변 여건 체크는 사실

바쁘면 건너뛰거나 나중에 채워넣어도 무방하나, 자신의 전략, 진입 및 청산 사유와 매매 내역은 꼭 빠트리지 않고 적는 습관을 들이세요.

Power Message

매매일지를 적는 습관을 길러라. 실전에서 매매일지를 적음으로써 경험을 체계화할 수 있고, 뇌동매매로부터 벗어날 수 있다.

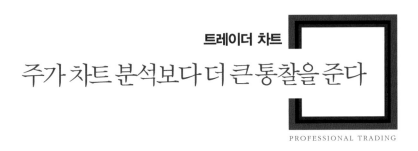

트레이더 차트

주가 차트 분석보다 더 큰 통찰을 준다

PROFESSIONAL TRADING

자기 계좌 금액의 누적 금액을 차트로 나타낸 것을 저는 '트레이더 차트'라고 부릅니다. 이러한 트레이더 차트가 매매일지와 결합되었을

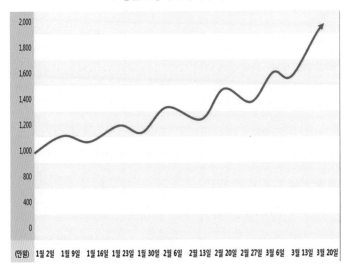

◆ 좋은 모양의 트레이더 차트 ◆

때 매우 강력한 자기 분석의 도구가 되죠.

　이상적인 트레이더 차트는 당연히 곡선이 도도한 우상향을 그려야 합니다. 중간중간 쉬어갈 수는 있지만 지나치게 깊은 골짜기를 만드는 것은 바람직하지 않죠.

　앞 페이지의 차트는 이상적인 트레이더 차트에 가까운 모습입니다. 수익금이 꾸준히 발생하고 있죠.

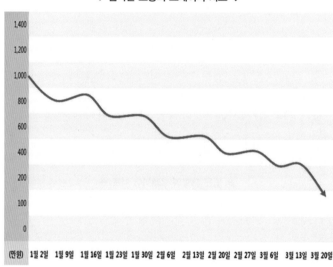

◆ 심각한 모양의 트레이더 차트 ◆

반면 위는 최악의 트레이더 차트에 가깝죠? 이런 트레이더 차트가 그려지는 사람은 일단 매매를 중단하고 심각하게 원인을 분석하세요. 그렇지 않고 오기만으로 같은 매매 방식을 고수하면 깡통은 따 논 당상입니다.

　다음은 리스크 관리가 잘 되지 않는 트레이더 차트의 전형적인 모습입니다. 분명 돈을 딸 때는 크게 따는 모습이지만 그만큼이나 손실폭도 크

◆ 리스크 관리가 안된 트레이더 차트 ◆

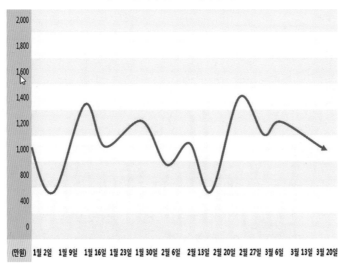

죠. 결과적으로 트레이더 차트는 장기간에 걸쳐 수익을 누적하지 못하고
올랐다 내렸다를 반복합니다. 이런 트레이더 차트를 보이는 트레이더는
자신의 수익과 손실의 근원이 어디에 있는지, 단순히 과도한 리스크 테이
킹에 있는지 아니면 위험관리의 부족함에 있는지를 잘 따져보세요.

　다음 페이지의 차트는 트레이더 차트에 추가적인 데이터를 첨가한 것
입니다. 평균 베팅액, 거래대금 그리고 매매횟수를 추가함으로써 수익과
손실의 원인을 더욱 잘 파악할 수 있게 됩니다. 또한 자신의 베팅 성향에
대해서도 되돌아볼 수 있는 기회를 제공해주죠.

　해당 트레이더 차트를 보면 계좌 금액의 큰 하락이 잦은 매매와 어느
정도 상관이 있었음을 알 수 있습니다. 평균 베팅액은 대체로 계좌금액의
변화에 따라 연동시키는 모습입니다.

　이와 같이 트레이더 차트를 작성해놓고 보면 자신의 투자 성향, 강점,

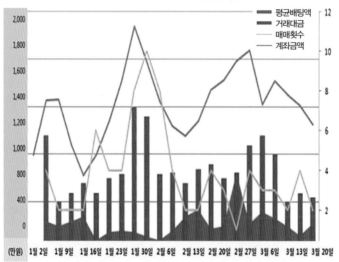

◆ 여러 데이터가 추가된 트레이더 차트 ◆

평균배팅액
거래대금
매매횟수
계좌금액

약점 등을 객관적으로 파악할 수 있습니다. 자기자신을 알아야 진정한 프로가 될 수 있잖아요.

주가 차트를 분석하는 것과 마찬가지로 트레이더 차트를 분석할 때도 추세가 중요하답니다. 트레이더 차트의 추세는 우상향하고 있는가? 횡보하고 있는가? 아니면 하락추세인가?

훌륭한 트레이더의 차트는 대개 안정적인 모습으로 우상향합니다. 때때로 베테랑 옵션 트레이더의 차트는 대부분의 기간 동안 완만한 하락세를 이어가다가 한 번씩 폭등을 통한 자산 레벨업이 일어나기도 합니다. 어쨌거나 이상적인 트레이더 차트는 우상향 곡선을 그려야 하죠.

베팅 비율은 일정한 수준에서 유지되는 것이 이상적입니다. 베팅 비율이 크게 증가하는 경우 그렇게 증가한 이유가 무엇인지 합리적인 근거가 있어야 합니다. 그렇지 않다면 그것은 매매 심리의 붕괴에 기인한 것일 가능성이 있습니다.

계좌 금액 곡선이 하락하면서 거래대금이 증가하는 것은 좋은 현상이 아니에요. 이는 주가 차트와 똑같습니다. 물론 그 이유는 다르지만요. 계좌 금액이 하락하는데 거래대금이 증가한다는 건 베팅 비율이 늘어나거나 매매가 잦아지고 있다는 뜻입니다.

손실이 날 때는 도리어 몸을 사려야 하는데 손실을 메우기 위해 무리한 베팅을 감행하는 것이 대부분 트레이더의 공통적인 약점입니다. 공든 탑도 이러한 매매심리의 붕괴에 의해 일시에 무너져버릴 수 있음을 꼭 기억하세요.

반대로 계좌 금액 곡선이 상승하면서 거래대금이 증가하는 것은 자연스러운 현상이나, 계좌 금액 곡선의 상승분보다 거래대금 상승분이 더 커지기 시작하면 이는 매매심리 과열을 경고하는 신호이지요. 잇따른 성공에 따른 과신이 트레이더의 마음속을 비집고 들어가고 있다는 뜻이고, 아마도 다른 트레이더 또한 같은 순간 같은 국면에 놓여 있을 수 있으므로 이를 시장 상황과 연관 지어 보아야 합니다.

여러분이 알고 있는 모든 기술적 분석 기법을 트레이더 차트에 적용해 보세요. 많은 투자자들이 자신이 보유하고 있는 종목의 차트를 들여다보면서 그것이 올라주기를 기도하지만 사실 모든 투자자들이 진정으로 원하는 것은 종목의 차트가 우상향하는 것이 아니라 자기자신의 트레이더 차트가 우상향하는 것입니다. 그렇지 않습니까? 그렇다면 종목 차트에 대해 고민하는 시간보다 트레이더 차트에 대해 고민하는 시간이 더 많아야 하죠. 그게 고수와 중수 이하의 차이입니다!

트레이더 차트를 분석하다 보면 크게 두 가지를 배우게 됩니다.

하나는 인간 본성입니다. 인간이라면 누구나 가지고 있는 보편적인 심리를 트레이더 차트로부터 배울 수 있죠. 이는 시장의 심리를 이해하는데 도움이 되고요.

다른 하나는 무엇일까요? 바로 자기자신입니다. 사람은 누구나 자기자신만이 가지고 있는 성격적 특성이 있습니다. 그리고 알게 모르게 이런 성격적 특성은 매매에 반영이 됩니다.

제가 아는 어떤 트레이더는 고집이 너무 셌습니다. 그는 그 누구의 조언도 받아들이지 않고 누군가 자신의 매매에 대해 이러쿵저러쿵하면 불같이 화를 내면서 앙심을 품었습니다.

자신은 알고 있는지 모르지만 그는 어떤 종목을 선정해서 보유하기 시작하면 손실이 나는 순간 무척 우울해지기 시작했고, 끝없는 물타기를 하다가 결국에는 감당할 수 없을 정도로 손실이 커지곤 했습니다. 그 사람의 손실의 원인은 시장도 아니고 잘못된 종목 선정도 아니었습니다. 바로 자기자신의 고집이었습니다.

Power Message

자신의 트레이더 차트를 분석하라. 때로 이것이 주가 차트를 분석하는 것보다 더 큰 통찰을 준다. 결국 중요한 것은 주가 차트가 아니라 트레이더 차트의 폭등이 아닌가?

사업으로의 트레이딩

손실관리를 최우선시하라

PROFESSIONAL TRADING

■　　사업으로 트레이딩을 하려고 하면 트레이딩 또한 여타 다른 사업과 마찬가지로 경기 순환과 업종 경기에 따라 매출이 달라지고, 경쟁에 따른 매출 가감효과와, 단기적으로 지배하는 운의 요소, 예측치 못했던 외부효과 등에 노출되어 있음을 알아야 합니다.

예를 들어 펜션업을 하는 사람은 성수기에 엄청난 사람들이 몰려 매출이 늘어나지만 비수기에는 아무도 찾지 않아 매출이 제로까지 내려가요. 따라서 사장 입장에서는 성수기에는 가격을 올려 받고 투자를 늘리는 것이 바람직하지만 비수기에는 가능한 한 비용절감에 노력하는 것이 옳습니다.

트레이딩을 사업으로 영위하는 사람들은 상승장, 횡보장, 하락장 각각에서 어떤 전략으로 사업을 해나갈 것인지에 대한 기본적인 계획을 짜두세요. 장사를 하는 사람들이 개별 매출 하나하나에 연연해서는 사업을 하지 못하는 것처럼 트레이딩을 사업으로 하는 사람들 또한 개별 매매의 손익에 지나치게 집착해서는 안 됩니다.

훌륭한 트레이더는 트레이딩 그 자체에 집중합니다. 그들은 일단 장에 들어서면 자신의 매매전략과 계획을 기계적으로 잘 이행하고 있느냐에 더 초점을 맞추지 즉흥적인 감으로 매매하지 않습니다. 매매전략의 검토와 수정은 일정한 주기로 행하는 것이 바람직하고(저 같은 경우에는 분기별로 전략 업데이트를 실시했습니다) 일단 전략이 짜지면 그 기간 동안에는 그 전략을 충실하게 따라야 성공적인 트레이더가 될 수 있습니다. 아무리 훌륭한 전략과 기법이라 해도 통계적으로 승률이 조금 더 높다는 뜻에 불과하기 때문에 전략과 기법을 평가하기 위해서는 일회적 성과보다는 중장기적인 실적에 주목해야 하는 것입니다.

전략 업데이트를 위해 특히 주목해야 하는 기록에는 그 전략을 이용하던 기간 동안 발생한 최대손실액과 최장연속손실일수입니다. 이러한 수치들은 자신이 사용하고 있는 전략 혹은 전략군(群)의 리스크를 반영하죠. 그 다음으로는 최대수익액과 최장연속수익일수를 검토하여 이를 보상return으로 간주하여 리스크와 비교해보는 것도 의미가 있고요. 그 외에 중요하게 고려해야 할 수치로는 평균적인 수익 대 손실의 비율average profit loss ratio, 승률 그리고 기간 수익률 등입니다.

다음에는 트레이딩의 타임프레임time frame을 선정해야 합니다. 저 같은 경우 횡보장에서 쉬지 않는다면 데이트레이딩 위주의 선물매매를 하거나 시장의 비효율성이 감지될 때 일시적으로 들어갔다 빠지는 이벤트 중심 매매를 했습니다. 저는 기본적으로 옵션 양매도를 싫어해서(베어링은행을 파산시킨 포지션이 무엇이었는지 찾아보시길) 이런 매매는 웬만해서는 하지 않아요.

그러다가 추세가 분명해지면 중기적으로 포지션을 홀딩하는 추세매매를 했는데 물론 이때가 가장 큰 수익이 나는 시기입니다. 때때로 나타나는 변동성장(2008년 10월 폭락장과 같은)에는 옵션 양매수 전략으로 스윙매매를 하면 큰돈이 벌리게 되지요. 절대적으로 올바른 타임프레임이란 존재하지 않습니다.

온라인으로 많이 받았던 질문 가운데에는 스캘핑이 옳으냐, 데이트레이딩이 옳으냐, 스윙이 옳으냐와 같은 질문들이 있었는데 사실 답변을 드리기 곤란한 질문들입니다. 가장 수익이 많이 나는 타임프레임은 장세에 따라 달라지기 때문에 뭐라고 딱 잘라 말할 수 없는 것이 현실이죠.

기계적인 휴식의 원칙 또한 정해두는 것이 좋습니다. 저 같은 경우 10번 연속으로 손절매를 감행하게 되면 한동안은 시장 관망세로 돌입하여 제 자신과 전략을 검토하면서 휴식하는 원칙을 세워두었습니다. 10번이나 연속으로 손절매를 했다는 것은 제가 장세 판단을 잘못했거나, 장세와 전략 간의 호환성이 성립하지 않았다는 뜻이기 때문에 어떤 경우에나 검토작업이 필요한 것입니다.

트레이딩을 사업으로 영위하는 사람이 가져야 하는 기본적인 인식은 시장에는 언제나 기회가 돌아온다는 것이며, 기회를 놓친 것을 아까워하기보다는 손실을 보지 않는 것을 다행으로 여기는 것입니다. 워렌 버핏의 제1투자 원칙이 '잃지 않는다' 이며 제2투자 원칙이 '제1원칙을 잊지 않는다' 라고 했던 것처럼 손실을 관리하는 것을 중요시 여겼던 점을 상기하시면 좋을 것입니다.

매매 전략에 있어서는 매수를 할 때는 가능한 한 에누리를 하고, 매도를 할 때는 가능한 한 비싸게 팔아먹을 수 있는 전략에 초점을 맞추세요. 즉 추세에 순응하되, 매수를 할 때는 눌림목이 어디인지를 찾아내려 해야 하고, 매도를 할 때는 단기 반등의 자리가 어디인지에 대해 고민해야 하는 것이죠.

시장에서 물건을 사고파는 사람들은 언제나 시장가격에 순응할 수밖에 없다는 점에서 가격순응자^{price takers}이지만 개별적으로 거래를 할 때는 언제나 흥정이 이루어지게 됩니다. 이러한 흥정의 기술을 잘 익히는 것도 성공적인 트레이딩에 있어서 무시할 수만은 없는 요소랍니다.

트레이딩을 하고 난 후 외적인 성공요소들로는 우선 정보에 뒤처져서는 안 된다는 점을 들 수 있겠습니다. 서로 다른 두 개 증권사 이상의 시황 리포트를 받아보는 것이 현재 경제 상황의 맥을 따라가는데 도움이 되고, 매매가 끝난 오후에는 매매 복기와 일지 작성을 마친 후에 주요 경제 및 정치 관련 뉴스를 챙겨 보는 것을 게을리 해서는 안 됩니다. 이러한 정보들은 물론 매매 전략 자체에 영향을 미치지는 않지만 매매 전략을 구상해야 하는 전체적인 맥락을 정하는데 부지불식간에 도움이 된다는 것이 제 경험입니다.

그 외에 만일 운이 좋아서 외국계 증권사 직원들과 인맥을 형성할 수 있다면 매우 바람직하죠. 동료 트레이더들 혹은 친구들과 정기적인 친목의 자리를 만들어 다양한 대화를 나누는 등 사회로부터 지나치게 격리되지 않도록 자기관리 또한 해야 합니다. 운동으로 체력을 다지는 것은 물론이고 장중에는 어쩔 수 없다 하지만 저녁만큼은 제대로 챙겨먹을 수 있도록 하세요.

저의 경우 자기 전에는 경제 관련 책들을 30분에서 1시간 정도 읽으며 경제 패러다임의 변화를 추적하려 노력했습니다. 때로는 경제 서적뿐 아니라 인문교양서를 통해 정신을 풍요롭게 하는 것도 편협한 주식쟁이가 아닌 온전한 인간으로 살아가는데 도움이 되었습니다.

Power Message

트레이딩을 사업의 일환으로 접근하라. 사업에 성수기와 비수기가 있고 경쟁업체가 있는 것처럼 트레이딩도 잘 되는 때와 되지 않는 때가 있으며 시장의 경쟁 주체들의 수를 고려하는 것이 중요하다.

시장을 먼저 읽어라

PROFESSIONAL TRADING

■   전략은 구체적으로 나누면 타임프레임의 선정, 진입전략, 청산전략, 손절매전략으로 나눌 수 있습니다. 이러한 전략은 시장을 먼저 읽은 후에 만들어지며, 일단 어떠한 전략이 만들어지면 트레이더는 장중에 그 전략을 기계적으로 시행해야 합니다.

시장읽기 → 전략의 계획 → 전략의 기계적 실행

위의 3단계에서 어느 하나라도 빠지게 되면 트레이더는 장기적으로 시장의 패자로 전락할 확률이 높아요. 시장읽기market reading란 경제분석, 수급분석, 차트분석 등을 통해 장세를 진단하는 것을 말하죠. 바로 여기서 대부분의 브레인워크brainwork가 행해집니다. 트레이더가 다양한 정보를 수집하고 배경 지식을 쌓는데 노력하는 것은 바로 시장을 제대로 읽는 능력을 향상시키기 위함입니다.

전략을 세울 때는 우선 예상 보유기간을 정해야 하는데 이를 타임프레임time frame을 선정한다고 말합니다. 이에 따라 전략을 세울 기반이 되는 차트가 정해지는데, 데이트레이딩day trading을 한다고 하면 5분봉이나 1분봉 차트를 보게 되겠고, 스윙트레이딩swing trading을 한다면 30분봉 차트 이상을 보게 되겠지요.

그 다음에는 대상 차트 상에서 어떠한 사건이 벌어질 때 진입할 것인지, 청산할 것인지, 그리고 손절매를 할 것인지를 정합니다. 절대적으로 올바른 전략이란 존재하지 않으며 상황에 따라 다양한 전략이 다양한 성과를 내줄 것입니다.

이제 전략의 몇 가지 예를 살펴볼까요?

전 고점 돌파 진입전략

• 타임프레임 : 스윙트레이딩
• 거래 종목 : 현대차
• 거래 차트 : 현대차 일봉 차트
• 손절매전략 : 돌파한 전 고점을 1봉 이상으로 붕괴
• 진입전략 : 전 고점 돌파 후 익일 시초가 매수
• 청산전략 : 12일 이동평균선 하향 돌파 후 익일 시초가 매도

◆ 현대차 일봉차트 ◆

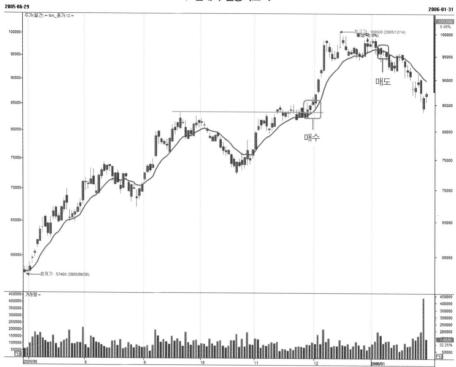

지지선 매수, 저항선 매도전략

- 타임프레임 : 데이트레이딩

- 거래시장 : KOSPI200 선물

- 거래차트 : 선물지수 5분봉

- 손절매전략 : 지지선 - 0.2pt, 저항선 + 0.2pt 지점 도달

- 진입전략 : 저항선에서 반락, 지지선에서 반등 직후

- 청산전략 : 저항선 도달, 지지선 도달

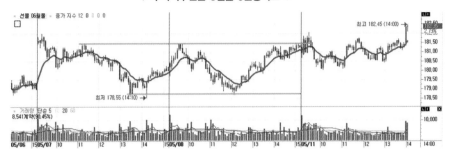

◆ 주가지수선물 6월물 5분봉차트 ◆

거래일이 5월 8일이라고 하면, 5월 7일에 형성된 고점과 저점을 잠정적인 저항선과 지지선으로 설정합니다. 이는 각각 181.50포인트와 178.55포인트 정도입니다.

5월 8일 시장을 관찰할까요. 장 시작 직후 상승하던 선물지수는 181.50포인트에서 반락합니다. 이때 181.70포인트 정도에 자동 손절매 주문을 걸어둔 후 매도 진입합니다. 선물지수가 178.60포인트 정도에 도달하면 수익 실현을 합니다.

역시나 지지선 근처에서 반등에 성공합니다. 그러면 이제는 178.35포인트 정도에 자동 손절매 주문을 걸어두고 매수 진입합니다. 181.40포인트 정도에 도달하면 수익 실현을 합니다. 타임프레임이 데이트레이딩이고, 장마감이 가까워졌으므로 추가 매매는 하지 않습니다.

위의 예는 전략이 어떠한 요소를 포함해야 하는가를 보여주는 샘플에 불과합니다. 전략의 종류는 무궁무진하죠. 바로 이러한 부분에서 트레이딩은 예술이 되는 것 아니겠습니까.

실제로 전략을 실전에 적용할 때 초보 트레이더일수록 자동 stoploss 기능을 사용하는 것이 좋습니다. 다시 말해 본인의 의지와 상관없이 특정한 시세 조건이 만족되면 자동으로 손절매를 감행하는 자동 주문 시스템을 작동시키라는 것입니다. 이러한 기능은 대부분의 HTS에서 지원이 됩니다.

이러한 기능을 작동시키는 것이 중요한 이유는 대부분의 초보들은 손절매 전략을 세워두기는 하지만 정작 손절매를 감행해야 하는 시점이 오면 헛된 기대감에 손절매 타이밍을 놓치는 경우가 다반사이고, 일단 애초에 정한 손절매 타이밍을 놓쳐서 손실이 예상 이상으로 확대되면 손실 회피 심리에 의해 손절매는 더더욱 어려워집니다. 결국에는 비자발적 장기 투자자가 되거나 파생 트레이더의 경우에는 베팅머니를 몽땅 날려버리는 경우로도 이어집니다.

Power Message

위의 예들은 초보적인 전략을 활용해본 것이다. 이 예들은 매매 전략을 사전에 미리 세워놓고 그것을 그대로 이행하는 방법을 실전적으로 보여주기 위해 게재하였다. 트레이딩에 앞서서 늘 구체적인 매매 계획을 세워두어라.

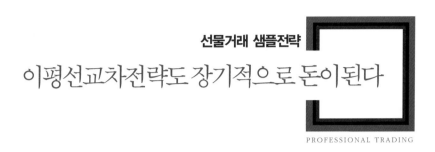

이평선교차전략도 장기적으로 돈이된다

PROFESSIONAL TRADING

선물의 경우 호가 한 단위가 움직임에 따라서 평가금액의 변동이 크기 때문에 트레이더들이 장기적 전망을 유지하기가 심리적으로 힘이 드는 경우가 많습니다. 따라서 주봉차트가 아닌 일봉차트를 중심으로 거래를 하는 것이 심리적으로는 안정감을 주는데, 선물거래는 현물보다도 더욱더 원칙에 따른 기계적인 매매가 중요하지요.

다음은 선물거래에 이용할 수 있는 하나의 샘플 전략입니다. 이 전략을 자기 나름대로 다듬어서 실전에 응용해보는 연습을 하는 것도 나쁘지 않을 것입니다.

샘플 거래 전략

• 우선 지수가 20일선을 기준으로 위에 있느냐 아래에 있느냐를 판단합니다.

- 지수가 20일선 위에 있다면 매수, 20일선 아래에 있다면 매도 포지션만 취하는 것을 원칙으로 합니다.
- 지수가 20일선 위에 있는 상태에서 지수가 5일선과 골든크로스를 하면 매수, 데드크로스를 하면 매수 청산을 합니다.
- 지수가 20일선 아래에 있는 상태에서 지수가 5일선과 데드크로스를 하면 매도, 골든크로스를 하면 매도 청산을 합니다.
- 4% 손실이 나면 손절매합니다.

누구나 다 아는 이동평균선 교차 전략입니다. 과연 이런 단순한 전략으로 선물에서 수익이 날까요? 장기적으로 수익이 난다고 저는 믿습니다. 다음은 과거 데이터를 기준으로 이 전략을 시뮬레이션한 것입니다.

- 초기 자본: 2000만원
- 거래 계약수: 1계약
- 시뮬레이션 기간: 1996년 4월 15일~ 2009년 7월 29일
- 총손익: 약 7700만원
- 승률: 43%
- 초기자본대비 수익률: 386%
- 연환산 수익률: 42%
- 최대자본인하액: 약 2600만원

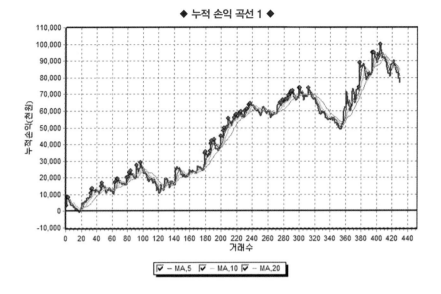

◆ 누적 손익 곡선 1 ◆

위 누적 손익 곡선을 보면 연속적으로 수익이 발생하는 구간과 손실이 발생하는 구간이 주기적으로 나타나는 것을 알 수 있어요. 추세 구간에서는 돈이 벌리다가 횡보 구간에서 역사이클에 걸리면서 손실이 발생한다는 것을 알 수 있죠.

따라서 어떤 트레이더가 시장에 진입한 시점에서 운 나쁘게 손실을 누적시키면 이 전략을 계속 밀고 나가기 힘들게 됩니다. 결국 이 매매법의 위험성은 연속으로 잃을 수 있는 최대 금액이 약 2600만원 정도로 나왔다는 사실에 있습니다. 어느 정도 수익이 쌓이기 전에 운 나쁘게 이 정도 손실을 보게 되면 파산하게 되겠죠. 이것이 이 매매법의 본질적인 위험이자 대부분의 추세추종 기법이 가지는 큰 문제 중 하나랍니다. 달리 말하면 2600만원 정도가 이 전략을 사용하는데 있어서 시장의 진입 장벽인 겁니다.

참고로 위의 전략을 20주 이동평균선과 5주 이동평균선을 기준으로 주봉 차트에 적용할 경우 어떤 결과가 나올까요? 우리의 예상대로라면 장기 차트에서의 성과는 더 안정적이어야 할 것입니다.

그 결과입니다.

• 초기 자본: 2000만원

• 거래 계약수: 1계약

• 시뮬레이션 기간: 1996년 4월 15일~2009년 7월 29일

• 총손익: 약 9300만원

• 승률: 37%

• 초기자본대비 수익률: 466%

• 연환산 수익률: 52%

• 최대자본인하액: 약 1700만원

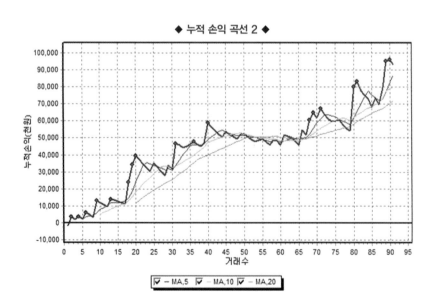

◆ 누적 손익 곡선 2 ◆

확실히 장기 차트에서는 오류 신호의 빈도가 줄어드는 것을 볼 수 있죠. 그 결과 거래수도 많이 줄어들었네요.

거래수 40~65 사이에 누적 손익 곡선의 장기 횡보 구간이 있는데 대부분의 트레이더는 이처럼 오랫동안 수익이 발생하지 않는 구간을 접하게 되면 추세추종을 포기하게 되기 일쑤죠. 그것이 역시 이 전략의 문제점이라고 해야 하겠죠.

연속으로 잃을 수 있는 최대 금액이 약 1700만원으로 일봉 차트보다는 안정적이지만 역시 자본이 적은 트레이더에게는 부담이 되는 액수잖아요. 결국 이와 같은 단순한 전략이 효과를 발휘하기 위해서는 기본적으로 자본의 백업이 충분한 상태에서 장기적인 전망으로 접근해야 합니다.

Power Message

단순한 이동평균선 교차 전략으로도 선물시장에서 장기적으로 돈을 벌 수 있다. 늘 문제가 되는 것은 초기 파산의 위험인데, 이 위험을 다루기 위해서 선물거래는 자본의 백업이 충분한 상태에서 시작되어야 한다.

'미녀53'과
개인투자자 '똘이'와의 대화

여기까지 제가 알고 있는 트레이딩의 방법을 모두 들려주었습니다. 도움이 되었나요? 제가 수차례에 걸쳐 강조한 사항을 잊지 말기를 바라며, 이번 장에서는 많은 투자자들이 공통적으로 궁금해 하는 사항에 제가 답하는 형식으로 가상 인터뷰를 꾸며 보았습니다.

주가 그 자체를
더 신뢰해야

똘이: 안녕하세요, 미녀53님. 인터뷰에 응해주셔서 감사합니다.

미녀53: 안녕하세요. ^^

똘이: 제가 미녀53님의 글을 읽으면서 가장 궁금했던 것 중의 하나가 주식의 펀더멘털에 대해 거의 거론을 하지 않으신다는 것이었어요.

미녀53: 음. 아마 그렇게 느끼셨을 거예요.

똘이: 그렇다면 미녀53님은 펀더멘털 투자를 부정하시는 건가요? 이에 대해 궁금해하는 분들이 많을 것으로 생각되는데 한 말씀 부탁드릴게요.

미녀53: 저는 펀더멘탈 투자를 부정하지는 않아요. 다만 그것은 트레이딩과는 다른 영역에 있다는 점을 분명히 하고 싶어요.

똘이: 다른 영역에 있다 함은 무슨 뜻이죠?

미녀53: 기본 철학이 다르다는 거죠. 펀더멘탈 투자란 장기적인 투자지평을 가지고 해야 하는 거죠. 엄밀히 말하자면 펀더멘탈 투자란 주가에 대한 베팅이 아니라 기업에 대한 베팅입니다. 그런데 기업이란 주가만큼 빠르게 변하지 않아요. 기업이 변하는 것을 보기 위해서는 몇 년이 걸리지 않습니까.

똘이: 물론 그렇죠. 그렇다고 해도 주가가 펀더멘탈을 반영하지 않는 것은

아닐 텐데… 주가에 대한 베팅을 할 때도 펀더멘탈을 고려해야 하는 것 아닐까요?

미녀53: 단기적인 주가 변동을 만들어내는 펀더멘탈은 이미 반영이 되어 있어요. 이를테면 모든 종류의 실적 정보나 단기적인 호재 또는 악재는 이미 주가 속에 녹아 있다는 거죠.

똘이: 그렇다면 반영되지 않은 펀더멘탈이란 건 어떤 거죠?

미녀53: 저도 잘 모릅니다. 다만 그런 게 있다고 믿기는 해요. 워렌 버핏을 위시하여 시장에서 크게 성공한 가치투자자들이 있는 것을 보면 그것을 단순히 운으로만 설명하기는 힘들다고 보거든요.

똘이: 그렇군요. 결국 워렌 버핏만큼의 통찰력을 갖추지 않은 사람이 주가에 반영되지 않은 펀더멘탈 정보를 찾기란 매우 어렵다는 말씀이군요.

미녀53: 네. 그렇습니다.

똘이: 그렇다면 결국 투자를 하기 위해 뉴스를 참조하는 것은 아무런 의미가 없는 건가요?

미녀53: 뉴스는 시차를 가지고 있고 결국은 여러 단계를 거쳐 가공된 정보입니다. 주가에는 이미 오래 전에 반영되었죠. 뉴스에 민감하게 반응하여 매매하면 손실을 입게 될 확률이 큽니다.

똘이: 그럼 트레이더에게 있어서 펀더멘탈은 아무 소용이 없는 것이 되는군요.

미녀53: 굳이 트레이더가 관심을 가져야 하는 펀더멘탈이 있다면 그것은 손에 잡히지 않는 펀더멘탈입니다. 사실 이것은 펀더멘탈이라기보다는 일종의 스토리죠. 대중의 기대를 자극할 수 있는 그럴 듯

한 스토리 말이에요.

똘이: 조금 더 자세히 설명해주실 수 있을까요?

미녀53: 예를 들어볼까요? 실적이 개선되었다는 뉴스는 트레이더에게 아무런 소용이 없습니다. 그러나 실적이 개선될지도 모른다는 뉴스는 상승을 이끌어낼 수 있습니다.

똘이: 아하! 그렇군요.

미녀53: 때때로 실적 개선 뉴스가 주가를 하락시키기도 하잖아요. 투자자들의 기대만큼 실적이 개선되지 않을 경우 그간의 오버슈팅이 해소되기 때문이죠.

똘이: 미녀53님의 말씀을 들어보니 마치 시장을 움직이는 것은 정보가 아니라 시장 참여자의 기대인 것 같네요.

미녀53: 그래서 누군가 증시는 '기대의 생태계'라고 표현했죠. 아주 적절한 표현이라고 생각합니다.

똘이: 기대의 생태계라… 왠지 가슴에 와 닿는 말이네요.

미녀53: 트레이더는 가격 그 자체를 믿어야 해요. 아무리 상승의 논리가 풍부해도 주가가 꿈쩍도 하지 않는데 보초서기를 할 이유는 없습니다. 트레이더는 돈이 흘러 들어가는 곳에 베팅해야 합니다.

기술적 분석
장기추세를
먼저 분석해야

똘이: 미녀53님이 펀더멘탈보다 주가 그 자체를 더 신뢰한다는 점은 잘 알겠어요. 그렇다면 결국 미녀53님은 기술적 매매를 한다는 것인데, 기술적 분석에서 가장 중요시해야 하는 것은 무엇이라고 보시는지?

미녀53: 장기 추세를 가장 먼저 분석해야 합니다. 많은 사람들이 소홀히 하는 부분이죠.

똘이: 장기 추세를 어떻게 분석하면 될까요?

미녀53: 정답은 없습니다. 저의 경우 KOSPI지수 주봉 차트에서 12주 이동평균선을 중심으로 주가가 그 위에 있는가 아래에 있는가를 고려하는 편입니다.

똘이: 정말 단순하군요.

미녀53: 주식이란 원래 그렇게 복잡한 놈이 아닙니다.

똘이: 그 다음으로 중요시하는 것은 무엇이죠?

미녀53: 시간입니다. 트레이더들은 주가 그 자체에 많은 관심을 갖지만 정작 가장 중요한 요소는 시간이죠. 즉, 파동의 주기에 관심을 가져야 합니다.

똘이: 처음 듣는 얘기네요.

미녀53: 쉬쉬하고 있어서 그렇지 대다수의 고수 트레이더는 주가 파동의 박자를 가늠하는 것을 가장 중요하게 생각한답니다. 제가 이걸 괜히 까발리는 것은 아닌지 모르겠군요.

똘이: 음… 그렇다면 미녀53님은 기술적 분석 방법론에 대해 얼마만큼 신뢰하고 계신가요?

미녀53: 그다지 신뢰하지는 않는 편입니다. 저는 그저 강한 시세를 좇을 뿐이죠.

똘이: ^^; 의외의 대답이군요. 트레이더가 기술적 분석을 그다지 신뢰하지 않다니요.

미녀53: 시세 예측이 중요한 것이 아니라 바람이 부는 방향을 가늠하는 것이 중요하다고 생각하기 때문이죠. 정작 바람의 방향을 가늠하기 위해 필요한 기술적 분석의 도구는 몇 개 되지 않는데 사람들은 너무 복잡한 분석에 심취해 있어요.

똘이: 새겨들어야 할 말이군요.

투자 전략

단순한 원칙을 추구하라

똘이: 미녀53님의 글을 읽다보면 참으로 전략이 깔끔하다는 느낌이 듭니다. 솔직히 나쁘게 표현하자면 단순무식해 보이기도 하구요.

미녀53: ^^; 똘이님은 아주 솔직하시군요. 맞아요. 제가 추구하는 전략은 아주 단순무식합니다. 그러나 저는 그 단순무식한 전략을 장기적으로 추구한 결과 큰 수확을 거둘 수 있었죠. 비법이란 멀리 있는 것도 아니고 그다지 복잡한 것도 아닙니다. 도리어 비법은 굳건한 자기만의 매매 철학을 확립하고 그 철학을 뼛속 깊이까지 이해하며 그러한 이해를 바탕으로 그 철학을 끈기 있게 추구하는데 있는 겁니다. 남들이 저에게 비법에 대해 자주 질문할 때 저는 난감해요. 제가 이런 얘기를 하면 그저 뜬구름 잡는 얘기를 한다는 식으로 반응하는데, 저는 정말 이것 하나밖에 모르거든요. ^^; 제가 아는 한 이것이 비법이고 돈을 버는 방법입니다.

똘이: 미녀53님이 이러한 단순성을 추구할 수 있게 된 배경이 궁금하네요. 말씀해주실 수 있나요?

미녀53: 저에게는 제 은인이라고도 할 수 있는, 현재는 고인이 되신 스승님이 있습니다. 저는 매매에 대한 모든 것을 그 스승님으로부터 배웠답니다. 더불어 인생에 대한 철학까지도 스승님의 영향을 받았죠.

똘이: 인생에 대한 철학이라… 잠깐 주제에서 벗어나는 듯하지만 짤막하게 여기에 대해서도 한 말씀 부탁드릴게요.

미녀53: 주제에서 벗어나지 않는다고 봐요. 저는 똘이님이 아주 적절한 질문을 해주셨다고 생각해요. 매매 철학은 인생 철학과도 일맥상통합니다. 삶을 살아가면서 뚜렷한 자신만의 철학과 원칙을 갖는 것이 어떤 의미가 있는가라고 질문한다면 저는 아주 큰 의미가 있다고 생각해요. 굳건한 자신만의 원칙대로 살아간다면 당연히 그것 때문에 손해를 보는 일이 발생해요. 그러나 장기적으로 보면 그 사람은 그 원칙 때문에 삶에서 성공하게 되죠. 반면 원칙도 없이 눈앞의 이익과 단기적 시류에 흔들리는 사람의 인생은 절대로 목표점까지 다가가지 못해요. 이리저리 표류하다가 종국에는 자신이 원하지 않는 곳에서 끝나고 말죠.

똘이: 음. 왠지 매매와 접목되는 부분이 커 보이네요.

미녀53: 맞아요. 추세추종을 하다보면 손실이 발생하는 것은 불가피해요. 마치 숨을 내쉬기 위해서는 들이쉬어야 하는 것처럼, 손실매매는 추세추종의 한 부분입니다. 이것을 받아들이지 못하면 추세추종은 못해요. 큰 추세파동을 먹기 위해서는 잔파동에서 당해주기도 해야 하는 거죠. 잔파동에서 당하는 손실이 무서워서 이리저리 부산하게 움직이다 보면, 결국은 죽도 밥도 되지 않습니다. 매매는 깡과 뚝심이 있어야 하는 겁니다.

똘이: 그렇다면 이런 깡과 뚝심을 기르기 위해서 할 수 있는 것에는 어떤

것이 있을까요?

미녀53: 제가 권유하고 싶은 것은 시스템 트레이딩을 해보라는 것입니다. 시스템 트레이딩은 인간의 감정을 배제한 채 기계적으로 매매 신호에 따를 것을 요구합니다. 여러분은 시스템 트레이딩을 하는 과정에서 매매신호와 자신의 감정이 얼마나 불일치하는 때가 많은지를 깨닫게 될 것입니다. 사실 이러한 불일치를 경험하는 것은 아주 값진 경험이에요. 자기자신의 감정에 역행하여 매매하는 것은 높은 트레이딩의 경지로 나아가는데 있어서 매우 핵심적인 과정이기 때문이죠.

비율 베팅으로
리스크 관리해야

똘이: 미녀53님은 자금관리를 매매만큼이나 중요시하셨는데, 이에 대해한 말씀 부탁드릴게요.

미녀53: 네, 자금관리는 매우 중요합니다. 그렇다고 해서 그게 뭐 아주 복잡하거나 어려운 것은 아니에요.

똘이: 자금관리란 어떻게 해야 하는지 말씀해주실 수 있을까요?

미녀53: 자금관리란 다름 아니라 자기자신이 잃어도 되는 만큼만 베팅하는 것입니다. 사실 그것이 자금관리의 모든 것입니다.

똘이: 네? 그렇게 간단하다는 말인가요?

미녀53: 그렇죠. 이를 조금 더 수학적으로 표현해서 말하자면 비율 베팅 fixed fraction betting 이라고 하는 거죠.

똘이: 비율 베팅이라⋯ 늘 자기 돈의 일정 비율로만 베팅하는 것을 말씀하시는 거군요.

미녀53: 그렇습니다. 예를 들어 초기자본이 10억원이 있는 사람과 100만원이 있는 사람이 감내할 수 있는 손실의 폭은 절대로 같지 않아요. 초기자본이 10억원인 사람에게 1000만원의 손실 정도야 충분히 감내할 수 있는 것이지만 100만원 밖에 없는 사람에게 1000만원의 손실이란 파산하는 것에 더하여 빚까지 지는 상황을 말하는 거죠.

똘이: 결국 자기가 가진 돈에 따라 절대적인 베팅머니를 조절해야 한다는 뜻이군요.

미녀53: 맞아요. 그런데 대부분의 개투들은 거꾸로 해요. 연속적인 손실을 입어서 자본금이 쪼그라들면 몸을 사리는 것이 아니라 손실을 메우기 위해 도리어 빚까지 져서 미수 몰빵을 치죠. 바로 그런 이유 때문에 개투들이 깡통을 차는 겁니다.

똘이: 듣고 보니 정말 그렇네요. 발생한 손실을 급히 메우려다 보니까 더 큰 금액이 필요하게 되고, 그러다가 손실이 나면 손실금액은 당연히 더 커지고, 그 다음에는 그 손실을 메우기 위해 더더욱 큰 금액이 필요해지는… 그런 악순환의 고리가 형성되겠군요.

미녀53: 잘 말씀해주셨습니다. 사실 돈이라는 것은 시장이 벌어다주는 것이기 때문에 모든 개투들의 계좌는 유사한 리듬을 타게 돼요. 달리 말해 제가 돈을 벌 때는 이웃집 김씨도, 아랫층 박씨도 돈을 번다는 거죠. 정도의 차이는 있겠지만 시장이 상승할 때는 모두 돈을 법니다. 문제는 시장이 하락할 때는 누구나 손실을 본다는 거예요. 그것은 트레이더의 잘못이 아니라 시장이 수익을 주지 않기 때문이죠. 그런데 트레이더는 이런 국면에서 자신의 힘으로 시장을 이겨먹으려 해요. 돈을 더 넣으면 막연히 손실을 만회할 수 있을 거라 생각하는 거죠. 그런데 대개 이런 때는 시장이 하락세나 횡보장에 있어서 돈이 벌리지 않는 때입니다. 결과적으로 보면 개투들의 베팅 성향은 돈이 벌리는 시장에서는 수익 금액을 인출하기 바쁘고, 돈이 벌리지 않는 시장에서는 손실 만회를 위해 신용까지 써가며 과도하게 질러대는 거죠. 그래서 개투는 늘 반대로 가는 겁니다.

종목 선정
인덱스 거래나
주도주 찾기를 추천

똘이: 아무래도 대부분의 투자자들이 아직은 파생시장보다는 현물시장에
　　　서 활동하니만큼 종목 선정이라는 것이 아주 큰 관심사 중 하나일
　　　텐데요, 여기에 대해 한 말씀 해주실 수 있을까요?

미녀53: 장기적으로 시장을 이기려는 시도의 대부분이 무산되었음은 이미
　　　널리 알려진 사실이에요. 따라서 일반적인 투자자는 인덱스를 거
　　　래하는 것이 좋은 방법이라고 생각합니다. 그러나 시장 초과 수익
　　　률을 거두는 것에 굳이 도전을 하고 싶다면 저는 주도주 찾기를
　　　하라고 권해드리고 싶네요.

똘이: 주도주라 함은?

미녀53: 주도주란 어느 한 시점에서 지수를 이끌고 가는 가장 강한 종목을
　　　말합니다. 어렵지 않아요. 주도주를 찾는 가장 손쉬운 방법은 톱
　　　다운 접근 Top down approach 을 취하는 거예요. 달리 말해 가장 강한 업
　　　종을 먼저 찾은 다음 그 업종 내에서 가장 강하게 상승하는 주식
　　　을 찾아내는 거죠.

똘이: 업종 지수를 정기적으로 서로 비교해보는 것이 도움이 되겠군요.

미녀53: 그렇죠. 그래서 가장 강하게 상승하는 업종에 올라타는 것이 필요

하죠. 동시에 장기적인 관점에서 소외주를 모니터링하는 것도 필요하고요. 결국 자금은 과열된 시장에서 소외된 시장으로 흐르기 마련입니다. 그게 언제가 될지는 모르지만 돈은 높은 곳에서 낮은 곳으로 흐르므로 저평가된 업종에도 언젠가 볕들 날이 옵니다.

똘이: 역시 종목 선정을 함에 있어서도 펀더멘탈보다는 가격 그 자체를 참고하시는군요.

미녀53: 그렇습니다. 가격은 모든 정보를 반영합니다. 따라서 트레이더는 가격만 주시하면 됩니다. 다만 강하게 상승하는 업종이 어떠한 명분으로 상승하는지 정도는 알아두면 나쁠 게 없겠죠.

똘이: 미녀53님은 작전주를 거래하는 것에 대해서는 어떻게 생각하세요?

미녀53: 사실 실력만 있다면야 무슨 시장이나 종목인들 거래를 못하겠습니까. 시세 변동이 있다면 그것을 취하는 방법도 있기 마련이죠. 늘 하는 말을 반복하자면 저는 종목이나 시장에 베팅하는 투자자가 아니라 가격 변동 그 자체에 베팅하는 트레이더입니다. 저에게 있어서 사고파는 물건이 무엇인가는 중요하지 않아요. 그것이 정녕 가치가 있는가 하는 것도 별로 중요하지 않죠. 단지 그 물건의 시세 변동이 중요할 뿐이죠.

똘이: 시중에는 작전주를 짚어내는 노하우를 전하는 책들이 많은데, 미녀53님은 작전주를 짚어내는 어떤 노하우는 없는지요?

미녀53: 없습니다. 저는 무조건 올라가는 종목은 매수하고 내려가는 종목은 매도할 뿐입니다. 다만 중소형주와 대형주의 시세 사이클의 특징은 좀 알아두는 게 좋겠네요. 대체로 어느 종목이나 상승과 하락 주기의 마디마디는 일치합니다. 차이가 나는 것은 바로 시세 분출 국면의 길이인데, 대형주의 경우 상승은 천천히 오래 진행되는 경향이 있고, 중소형주의 경우 순간적으로 급격하게 분출하는 경향이 있습니다. 결과적으로 하나의 시장 사이클이 마감되면 수익률은 비슷하게 보입니다. 그러나 어떤 한 시점에서 보면 대형주는 꾸준한 움직임을 보이지만 중소형주는 대부분의 기간 동안 잠잠하다가 아주 짧은 구간에서만 시세가 급변합니다.

기법의 유행
추세추종은 생존게임,
실천 쉽지 않아

똘이: 추세추종은 어찌 보면 매우 단순한 것 같아요. 그렇다면 그 효과를 알게 된 많은 이들이 추세추종을 하게 될 텐데 이로 인한 경쟁이 트레이더에게 돌아갈 수 있는 파이의 크기를 줄이게 되지는 않을까요?

미녀53: 추세추종이 비록 그 철학은 단순하지만 꾸준히 그 철학대로 행하기란 절대로 쉽지 않아요. ^^ ; 대부분의 트레이더는 일정 기간 동안 수익이 쌓이지 않으면 추세추종을 포기하고 말죠. 추세추종은 마치 가치투자와 같이 쉽사리 대중화될 수 있는 기법은 아닙니다. 물론 추세추종을 시도하는 사람들은 많지만 그것을 끝까지 해낼 수 있는 사람은 그다지 많지 않죠.

똘이: 결국 추세추종 기법이 범람함으로써 추세추종 기법 자체가 붕괴되는 일은 일어나지 않을 것이라는 말씀이군요.

미녀53: 단기적으로는 일어날 수 있겠죠. 예를 들어 개투들이 너도나도 달려드는 시장에서는 시장에 노이즈가 증폭되어 추세추종의 성과가 엉망이 되는 구간이 분명 있습니다. 그러나 이러한 구간에서도 살아남는 트레이더는 개투들이 시장에서 모두 떨어져 나갔을 때에서야 비로소 시작되는 진정한 추세에 진입할 수 있습니다.

똘이: 추세추종은 추세를 추종하는 것만큼이나 진정한 추세가 시작되기까지 시장에서 살아남아 있는 것이 중요하겠군요.

미녀53: 바로 그렇습니다. 추세추종은 생존 게임입니다. 추세가 발생할 때까지 누가 더 오랫동안 시장에 살아남아 있는가의 게임이라고도 할 수 있죠.

똘이: 인상적인 얘기군요. 생존 게임이라….

미녀53: 추세추종이란 결국 유행을 좇는 것입니다. 추세를 추종하는 행위 자체는 단순하고 더 이상 설명할 것이 없지만 유행을 파악하는 것은 상황을 늘 예의주시하는 사람만이 할 수 있는 겁니다. 결국 추세추종이란 지식의 문제가 아니라 자기 원칙에 얼마나 충실한가의 여부와 그 기법을 끝까지 지켜낼 수 있는 끈기, 그리고 추세의 발생을 부지런히 모니터링하는 근면함 등이 성공 여부를 결정합니다.

똘이: 문득 든 생각인데, 경쟁을 줄이기 위해 대중들이 거래하지 않는 시장을 선택하는 것은 어떨까요?

미녀53: 아주 좋은 생각입니다. 다만 침체되어 아무런 추세가 발생하지 않는 시장을 거래해서는 곤란해요. 대중의 눈길이 닿지 않되, 분명한 추세를 보이는 시장에 진입해야죠. 제가 권유하는 조금 더 나은 방법은 단기시장보다는 장기시장에서 거래하는 것입니다.

똘이: 장기시장이라 함은?

미녀53: 그러니까 분봉 차트를 보고 추세추종을 하는 것보다는 일봉을 보고 하는 것이 낫고, 일봉보다는 주봉을 보고 하는 것이 오류 신호의 빈도를 줄일 수 있는 효과적인 방법이 된다는 것이죠.

똘이: 아, 그렇군요. 대중은 주로 단기적인 전망에 따라 움직이기 때문에 그런 건가요?

미녀53: 그렇다고 볼 수 있죠. 데이트레이딩 인구가 근래에 크게 급증함에 따라 단기시장은 레드오션이 되어 버렸어요. 그래서 과거 한때에는 장 시작 후 1시간 동안 형성된 트레이딩 레인지의 고점과 저점을 돌파하는 방향으로 추세를 따라가는 것만으로도 큰 수익이 쌓이는 시기가 있었지만 오늘날에는 이런 단순한 전략으로는 돈이 벌리지 않아요. 이런 식의 돌파 시스템을 사용하는 트레이더가 너무 많아졌고, 그 결과로 시장 노이즈가 증폭되어 버린 거예요. 이렇게 되면 오류 신호가 너무 많아져서 결과적으로 승률은 크게 떨어지게 됩니다.

똘이: 결국 트레이딩도 블루오션은 장기시장이라는 얘기네요.

미녀53: 장기 차트의 신호대로 매매하는 것은 생각보다 쉽지 않습니다. 특히나 선물매매를 할 경우 작은 시세 변동에도 평가금액의 변동이 크기 때문에 때때로 포지션을 계속 가져가기 위해서 증거금을 더 납부해야 하는 경우도 생길 수 있죠. 장기 차트를 가지고 거래하는 것은 그만큼 강한 배짱과 뚝심이 있어야 하는 만큼 경쟁자가 적어요. 그래서 오류 신호의 빈도도 그만큼 적습니다.

추세추종 기법

개투에게 가장 손쉬운
투자 방법

똘이: 미녀53님은 만약 가능만 하다면 모든 시장 참가자들이 추세추종을 사용하는 것이 좋다고 생각하시나요?

미녀53: 물론입니다. 의식적으로 추세를 추종한다고 생각하지 않고도 돈을 번 사람들은 있겠죠. 그렇지만 결국 알고 보면 시장의 승자는 모두 추세파동을 탄 사람들이죠. 그러니 당연히 모든 시장 참가자들은 추세를 따르는 것을 목적으로 해야죠. ^^;

똘이: 제가 어리석은 질문을 한 셈이 되었네요.

미녀53: 제가 볼 때 똘이님은 시세가 오르면 사고 내리면 파는 것을 추세추종이라고 말한 것 같네요. 물론 시장에는 언제나 냉정하게 판단해주는 사람이 필요합니다. 남들이 산다고 해서 따라 사고, 판다고 해서 따라 파는 사람들만 있다면 시장이 성립할까요? 거래는 사고파는 양자의 손바닥이 마주쳐야 이루어지는 것이고, 시장에는 언제나 다양한 생각과 철학이 공존해야 합니다.

똘이: 그렇다면 질문을 조금 바꿀게요. 미녀53님은 왜 고점 매수, 저점 매도를 권유하시는 건가요?

미녀53: ^^; 일단 제 매매 철학이라는 것이 첫 번째 이유겠죠. 게다가 이런 방법은 정보전에서 뒤처지는 개투들이 할 수 있는 가장 손쉬운 투자 방법이라고 생각하기 때문입니다.

똘이: 정보전이라….

미녀53: 개투들은 늘 찌꺼기 정보나 역정보를 받는 입장이죠. 그러므로 정보를 거래해서는 안 되고 가격을 거래해야 합니다.

똘이: 재미있는 표현이군요. 그렇다면 과연 찌꺼기 정보 혹은 역정보를 흘리는 정보 선점 집단이 있는 걸까요?

미녀53: 그 질문은 이미 알고 있는 사실을 그저 제 입으로 확인 받고자 하는 질문 같네요. 당연히 그런 집단이 있습니다. ^^; 예를 들어 볼게요. 여러분이 ○○산업이라는 회사의 대주주라고 하면, 여러분은 내부 정보를 가장 빠르게 취득할 수 있는 입장이 됩니다. 아니, 더 정확히 말할게요. 여러분 스스로가 내부 정보를 창출하는 근원이 됩니다. 그렇다면 과연 여러분은 이처럼 여러분에게 주어진 특수한 지위를 이용해서 아무것도 하지 않을 것 같나요? 평소에 주식게임에 아예 신경을 끄고 사는 사람이라면 몰라도 자기 회사 주가인데 관심을 안 가지는 사람은 없죠.

똘이: 분명히 그렇네요.

미녀53: 과거에 대주주들이 자식에게 주식을 증여하기 위해 주가를 폭락시키기도 했다는 사실은 이제 알 만한 사람은 다 알죠. 자기 회사 주식이 폭락하거나 폭등하는데 이런 정보를 모르는 대주주는 없고, 이러한 특수한 현상의 배후에 그들이 없다는 것도 상상하기 어려우며, 설사 그들에 의해 이러한 현상이 발생하지 않았다 하더라도 그들은 자기네들이 의도하지 않은 주가 급변 상황에 대해서는 아주 빠르게 대응합니다. 그들에게 있어서 지분이라는 것은 경영권을 의미하므로 아주 중요한 것이거든요.

똘이: 저는 왜 이런 얘기가 제일 흥미로운가 모르겠네요. 은막에 싸여진 '그들'의 이야기, 계속해 주세요.

미녀53: ^^; 알아봐야 쓸데없는 얘기에 불과한데요. 음… 여러분이 왜 추세추종을 해야 하는지를 역설하기 위해 그럼 조금만 더 설명해볼까요?

똘이: 네~

미녀53: 주가의 움직임은 언제나 대주주를 그 중심에 두고 있습니다. 시중에 유포되는 모든 뉴스 또한 그들에 의해 승인되어 공표되는 거라고 할 수 있죠. 결국 그런 정보란 그들이 원해서 유포되는 것이지, 그들이 숨기고자 한다면 각양각색의 방식으로 숨길 수 있는 것이죠. 상대적으로 투명하다고 하는 미국에서도 엔론의 회계 부정과 같이 내부자들의 비도덕적 행위는 끊임없이 자행되고 있습니다. 아무리 내부자거래를 금지하는 법이 있다고 해도 다 소용없는 짓이에요.

똘이: 결국 개투들은 대주주들의 의지에 의해 유포된 뉴스를 접하고 기업을 판단할 수밖에 없다는 말씀이군요.

미녀53: 일반적으로 그렇다고 봐야죠. 물론 정기적으로 제출해야 하는 분기보고서 같은 자료야 조금 다르다고 할 수 있지만 분기보고서가 주가를 움직이는 직접적인 요소는 아니죠? 이미 주가에 모두 반영되었을 것이고요.

똘이: 시장의 계급구조가 눈에 보이는 느낌이네요.

미녀53: 지금까지는 개별 종목의 주가에 대해서 얘기를 했다면, 시장 전체를 쥐락펴락하는 집단 또한 존재한다는 점을 잊어서는 안 돼요. 우리나라 시장에서 가장 거대한 자본 집단인 외국계 헤지펀드들은 파생시장을 통해 간접적으로 우리나라 지수를 움직입니다.

똘이: 외국계 헤지펀드요? 외국인들은 도리어 우리나라 국내 기업의 정보에는 어둡다고 봐야 하지 않나요?

미녀53: 정보력보다 더 강한 게 바로 자금력입니다. 내가 힘이 세서 주가를 밀어 올리거나 폭락시키는데 정보가 무슨 소용이 있어요. 파생시장에서 조금만 거래해보면 느끼는 것이지만 우리나라 지수는 외국인의 손아귀에 있답니다. 외국인들이 공격적으로 몇 천억씩 선물을 매수하면 그날의 지수는 올라가고 매도하면 내려갑니다. 어쩔 수가 없습니다. 이처럼 외국계 헤지펀드는 정보력의 열세를 극복하기 위해 돈의 힘으로 승부를 하죠. 즉 "니네 나라 룰이 뭔지는 모르지만 우리는 우리의 룰로 게임을 하겠다"는 식입니다.

똘이: 정말 그런 게 가능한가요?

미녀53: 1992년 조지 소로스의 퀀텀펀드가 파운드화를 공격했던 사례는 유명하죠. 소로스는 영국 파운드가 고평가되었다고 생각했죠. 그래서 그는 공격적으로 파운드화를 매도하기 시작했는데 저 같은 추세추종자들이 이것을 보고 동반 매도에 참가하면서 파운드화는 달러화 대비 20%나 폭락해버렸습니다. 물론 소로스는 이를 통해 천문학적인 수익을 벌어들였죠.

똘이: 와, 멋지네요!

미녀53: ^^; 유명한 헤지펀드는 소로스의 퀀텀펀드, 타이거펀드, 그리고 이외에도 전세계적으로 수천 개가 있다고 알려져 있죠. 애네들은 주로 자기네들의 자금력으로 충격을 줄 수 있는 이머징마켓의 파생시장을 대상으로 삼는 것이 일반적이죠. 애네들이 시장에 충격을 주면 거기에 편승하는 자금의 쏠림 효과가 일어나면서 수익을 가져다줍니다. 하물며 저 같은 잔챙이 개투 세력도 애네들이 추세를 만들면 공격적으로 따라붙으면서 시세를 증폭시키잖아요? 이런 일이 발생한다고 보면 됩니다.

똘이: 정말 파생시장은 치열한 전쟁터 그 자체네요. 그런데 왜 정부에서는 파생시장이 이처럼 외국인의 손아귀에 떨어졌는데도 이대로 놔두는 거죠?

미녀53: 그들의 행위에 불법적인 요소는 하나도 없거든요. 그들은 공정한 게임을 벌이는 거예요. 내부 정보를 활용하는 것도 아니고, 그저 거대한 자금을 넣었다 뺐다 하는 것뿐인데 정부가 이를 두고 뭐라고 해요? 게다가 국내 증권사는 이들이 선물시장을 움직이면서 만들어주는 베이시스를 통해 차익거래를 하므로 어찌 보면 외국인들은 그들에게 공짜 수익을 선물해주는 고마운 존재입니다. 결국 불쌍한 것은 그저 유동성 공급자로 전락하고 마는 개투들이죠.

똘이: 유동성 공급자라… 적나라한 표현이네요.

미녀53: 가장 적절한 표현이죠. 이들은 개투들을 그렇게 밖에는 보지 않아요. 물량을 사야 하는데 유동성이 없다, 그러면 유동성을 인위적으로라도 만듭니다. 악재를 공표해서 개투들로부터 주식을 빼앗는 거죠. 그리고 어느 순간 주식을 팔고 싶다… 그런데 시장에 유동성이 충분치 않다… 그럼 애널리스트를 동원해서 종목 추천을 날리고, 예전처럼 위탁매매가 많던 시절에는 실제로 고객 돈으로 물량을 받아주기도 하는 등 파렴치한 짓을 하죠. 과거 이런 행위로 처벌받은 증권사 직원들도 있었습니다.

똘이: 정말 이런 얘기를 들으면 순진하게 공짜로 얻는 정보를 기반으로 투자하는 것은 최악의 선택이 되겠네요.

미녀53: 바로 그 말씀을 드리고 싶습니다. 개투는 정보전에서 절대로 이들을 이길 수 없습니다. 그래서 개투들이 할 수 있는 건 이들이 만드는 시세 변동으로부터 어부지리를 챙기는 것밖에는 없죠. 개투는 추세를 만들지 못하므로 그것을 추종하는 수밖에 없는 겁니다.

계획된 시나리오로
불안심리 극복해야

똘이: 손절매의 필요성에 대해서는 늘 논란이 많습니다. 미녀53님은 손절
　　　매가 꼭 필요하다고 생각하시는 것 같은데 그 이유를 설명해주실 수
　　　있을까요?

미녀53: 많은 이들이 손절매에 대해 오해하는 부분이 있죠. 아무런 분석도
　　　없이, 계획도 없이 진입하여 기계적으로 손절매하는 것을 손절매
　　　라고 생각한다는 것이죠. 저는 이런 것을 두고 손절매라고 하지
　　　않아요.

똘이: 그렇다면요?

미녀53: 트레이더가 포지션에 진입하기 전에는 당연히 시세의 분석과 매
　　　매 전략의 작성이 이루어져 있어야 합니다. 그리고 트레이더는 늘
　　　시장에 들어갈 때 시장이 어떤 방식으로 움직일 것이라는 입장을
　　　가지고 있을 수밖에 없어요. 추세추종자는 시세를 예측하지 않는
　　　다고 하지만 이 말은 대응의 중요성을 강조하기 위한 말이고, 사
　　　실 추세추종자조차도 추세를 좇을 때는 추세가 연장될 것이라는
　　　입장을 취하고 있다고 봐야죠. 그런데 시세는 늘 우리의 생각대로
　　　만 움직여주지는 않는 법이거든요. 시세 분석에 더 노련해지고 매

매 전략을 더 잘 설계할수록 손절매의 빈도는 분명 줄어들겠지만 그렇다 하더라도 매번 시세 움직임을 정확히 예측한다는 것은 인간 능력 밖의 일입니다. 따라서 자기자신의 판단이 틀렸을 때 그것을 인정하고 새로운 계획을 짜기 위해 일보 후퇴하는 것이 손절매라고 저는 봐요.

똘이: 자신의 고집을 꺾는다는 것이군요.

미녀53: 그렇습니다. 자기 생각이 틀렸음이 명백한데도 고집을 부리는 것은 잘못된 것입니다. 트레이더가 애초에 포지션에 진입했을 때는 진입 사유가 분명 있었을 것입니다. 그런데 시세가 예상 밖의 형태로 움직이면 이미 진입 사유는 사라졌다고 봐야 해요. 그런데도 불구하고 포지션을 계속 홀딩하는 것은 합리적이지 못하죠. 그때부터 청산 전략도 흐지부지해지면서 매매 자체가 엉망이 되어 버립니다. 행여나 운이 나빠서 손절매를 하지 않은 결과로 큰 손실이 야기되면 애초에 감수했던 금액 이상의 손실이 발생함으로써 트레이더를 그로기 상태로 몰아갈 수도 있죠.

똘이: 미녀53님은 사람들이 손절매를 잘하지 못하는 이유가 뭐라고 보시는지?

미녀53: 기본적으로는 손실을 인정하기 싫은 심리 때문이겠죠. 그렇지만 그 이면에는 기회를 놓칠지 모른다는 불안감도 있는 것 같아요. "만일 내가 손절매한 뒤 주가가 날아가버리면 어떡하지?"라는 불안감 말입니다. 제 경험에 의하면 이러한 불안감이 손절매를 더 망설이게 하는 중요한 요소가 될 수 있지 않나 생각해요. 사실 이러한 불안감은 모든 종류의 포지션 청산을 망설이게 하는 중요한 요소입니다.

똘이: 생각해보니 그 심리가 잘 이해가 되는 듯도 해요. 내가 판 후 시세가 날아오르면 그것만큼 약이 오르는 일도 없죠.

미녀53: 기회는 시장에 무궁무진하게 발생한다는 점을 기억하는 게 필요하겠죠. 마음을 조급하게 먹어서는 안 돼요. 또 애초부터 손절매 이후 재진입 조건을 계획해두는 것도 좋겠죠. 사람은 언제나 계획이 없을 때 더 흔들리기 마련이거든요. 처음부터 각 시나리오가 발생했을 때 어떻게 할 것이라는 분명한 계획이 짜여 있다면 불안감과 초조함도 그만큼 줄어들 것입니다.

역발상 투자

대중과 반대로 투자해야 잃지 않아

똘이: 시장에 널리 퍼져 있는 생각 중 하나는 대중과 반대로 투자해야 한다는 건데, 이 부분에 대해 미녀53님은 어떻게 생각하세요?

미녀53: 타당한 말입니다. 대중은 궁극적으로는 돈을 잃기 때문에 그들과 끝까지 동행해서는 안 됩니다.

똘이: 끝까지 동행해서는 안 된다… 그 말은 때로는 대중과 동행하기도 해야 한다는 뜻인가요?

미녀53: 그렇습니다. 결국 강한 추세란 일종의 대중운동이 일어남으로써 생겨나는 것이니까요.

똘이: 그렇다면 추세추종과 역발상을 조화시킬 수 있는 좋은 방법은 없을까요?

미녀53: 이건 모순처럼 들릴 수도 있지만 실제로 추세추종 그 자체야말로 역발상에 속하는 경우가 많습니다. 대다수의 대중은 주가가 오랜 박스권에 갇혀 있다가 결국 그것을 돌파했을 때 선뜻 따라나서지 못합니다. 시세가 너무 비싸 보이기 때문이죠.

똘이: 아, 박스권 돌파 매수법이 널리 알려져 있는 요즘도 그렇다는 것인가요?

미녀53: 그게 증시의 재미있는 점이죠. 누구나 아는 상식이라고 생각하는데도 실제로 그 상황에 닥쳐보면 이론대로 실천이 안 되는 법입니다. 대개 신고가 갱신이 이루어지는 순간에 주가는 매우 높아 보이는 법이거든요. 실제로 시장에서 속임수 돌파가 빈번히 일어나기도 하기 때문에 망설이는 트레이더도 있습니다. 그러나 속임수에 걸려 손절매를 하는 것은 트레이딩 사업을 함에 있어서 들어가는 당연한 비용입니다. 이것을 피하려고 해서는 안 됩니다.

똘이: 그 외 역발상을 발휘할 수 있는 순간은 어떤 순간인가요?

미녀53: 상승파동 중에 가파른 하락이 올 때입니다. 대개 상승파동이 진행되는 와중에 나타나는 강한 하방 변동성은 최적의 매수 기회가 됩니다. 그러나 많은 개투들은 이러한 변동성에 놀라 물량을 털리고 말죠. 프로 트레이더가 눌림목에서 물량을 모아가는 반면 아마추어는 여기서 보유물량을 털립니다.

똘이: 또 있나요?

미녀53: 추세 파동의 막바지는 대개 강한 변동성으로 나타나는 경우가 많습니다. 이때 이상하게도 대중은 강한 불기둥의 최면에 걸린 까닭인지 상승을 아주 확신하는 상태가 돼요. 그러나 프로 트레이더는 시세 변동성이 급증하면 시세가 서서히 끝나간다는 점을 느끼면서 물량 정리에 들어갑니다. 끝난 것처럼 보이는 시세가 다시 재개되는 순간 진입하는 것도 역발상이라면 역발상일 수 있겠네요.

똘이: 그렇군요. 제가 시종일관 궁금한 것은 왜 역발상이 시장에서 효과적인가 하는 거예요. 시장이 투자자를 일부러 골탕 먹이려고 그러는 것은 아닐 테고… 혹시 세력의 시세 조작 때문인가요?

미녀53: ^^; 때로 세력이 일부러 개투들을 덫에 빠트리는 경우도 물론 있죠. 그렇지만 역발상이 효과적인 핵심 이유는 쏠림효과 때문입니다. 하나의 비유를 들어볼게요. 물 위에 떠 있는 뗏목에 사람들이 고루 분포해서 서 있다고 하겠습니다. 이때 사람들의 몸무게가 서로 균형을 맞춰서 뗏목은 물 위에 떠 있을 수 있습니다. 그런데 어떠한 이유에서 사람들이 한쪽으로 우르르 몰려들면 그쪽에 과도한 하중이 실려 뗏목은 물에 가라앉고 말죠. 이처럼 시장은 심리가 한 방향으로 쏠릴 때 붕괴되는 성질을 가지고 있답니다.

똘이: 재미있는 비유네요. 이런 시장의 성질은 왜 생겨나는 것이죠?

미녀53: 생각해보면 간단합니다. 모든 사람들이 시세가 오를 것이라고 생각하면 그 사람들은 모두 주식을 매수할 겁니다. 마치 갑판의 한쪽으로 우르르 몰려가는 것과 비슷하죠. 그런데 실제로 시세가 올라가기 위해서는 그 뒤로 더 비싼 가격에 누군가 주식을 매수해줘야 하는데 모든 사람들이 이미 매수를 해버렸기 때문에 더 이상의 매수 주체가 남아 있지 않게 되겠죠. 결국 시세는 가장 눈치 빠른 사람이 보유한 물량을 털어버리는 것을 계기로 붕괴될 수밖에 없습니다.

옵션투자
무원칙은 쪽박,
무조건 소액으로

똘이: 선물과 옵션은 대다수의 개투들에게는 상대적으로 생소한 감이 있습니다. 선물과 옵션에 대한 이야기를 조금 해보았음 하는데요.

미녀53: 네, 그렇게 하죠. ^^

똘이: 현물 시장과 파생 시장의 근본적인 차이에는 뭐가 있을까요?

미녀53: 가장 기본적인 차이는 바로 레버리지에 있다고 해야겠죠. 파생 매매는 현물로 치면 신용이나 미수를 치는 것과 같습니다.

똘이: 그건 매우 위험하지 않나요?

미녀53: 그렇죠. 그래서 파생 매매는 전형적인 하이리스크 하이리턴의 수익 구조를 가지고 있습니다. 구체적인 수익 모델 없이 감만으로 매매했다가는 쪽박을 차기 십상이죠. 또 레버리지를 이용하기 때문에 트레이더들의 투자지평이 단기화될 수밖에 없는 특징이 있고요.

똘이: 그렇다면 이런 위험을 통제하기 위해 할 수 있는 것은 없나요?

미녀53: 그래서 선물 매매에서는 손절매가 아주 중요하죠. 옵션 매매에서는 소액으로 하는 것이 중요하고요.

똘이: 선물과 옵션의 차이에 대해서 잠시 설명해주실 수 있을까요?

미녀53: 선물은 자금의 백업이 충분하고 원하기만 한다면 자신의 게임 시간을 무한히 연장할 수 있다는 특징이 있습니다. 달리 말해 포지션 진입 후 언제 그것을 청산하는지는 투자자 마음이라는 거죠. 선물은 물론 3개월마다 만기가 돌아오지만 포지션을 계속 유지하고 싶은 경우 차월물로 롤오버 해버리면 되기 때문에 큰 문제가 되지 않습니다. 문제는 옵션입니다. 옵션은 1달 주기로 만기가 돌아오고 만기 때 당첨이냐 꽝이냐가 결정됩니다. 달리 말해 옵션게임이란 1달을 주기로 승패가 결정되는 게임이라는 뜻이죠. 이런 의미에서 옵션은 타임어택 게임이라 할 수 있습니다.

똘이: 타임어택 게임이라… 구체적인 예를 들어주실 수 있을까요?

미녀53: 예를 들어 콜옵션 행사가 190포인트를 매수한다는 것은 만기 전까지 KOSPI200 지수가 190포인트 이상 상승한다는데 베팅한다는 것입니다. 시간이 흐를수록 옵션 가치는 떨어지고, 만기까지 지수가 190포인트를 넘지 못한다는 것이 확실해질수록 옵션 가격은 똥값으로 곤두박질칩니다.

똘이: 결국 만기까지 자신이 베팅한 지수가 도래하지 않으면 옵션은 쪽박이 된다는 말씀이군요.

미녀53: 그렇습니다. 이런 이유로 옵션은 가치변동이 매우 극심한 특징이 있고 단기간에 대박과 쪽박이 모두 가능합니다.

똘이: 옵션을 거래하는데 있어서 기본 방침 같은 것이 있다면 말씀해주실 수 있을까요?

미녀53: 이전에도 말씀드렸지만 옵션 매매는 매우 전문성이 높은 분야입니다. 그런 것을 짧게 설명 드리는 것은 아주 힘들지요. 기본 원칙만 몇 가지 알려드릴게요.

무조건 소액으로 하라

옵션에 큰 금액을 넣는다는 발상 자체가 미친 짓입니다. 매수든 매도든, 옵션은 소액으로 하는 것이 정석입니다.

옵션 전문 거래자가 되려면 합성 플레이를 배워라

옵션을 전문으로 거래하는 꾼은 네이키드 플레이보다 합성 플레이를 선호하는 법입니다. 옵션을 전문으로 하고 싶다면 옵션 기초이론부터 차근차근 배워야 합니다. 옵션 매수 스캘핑 scalping 으로 돈을 벌 수 있다는 환상 따위는 하지 마세요. 가랑비에 옷 젖듯 피를 흘리다가 어느 순간 파산해버립니다.

옵션 파트타임 거래자는 변동성 매수를 하라

저와 같이 주 거래상품이 선물인 경우 옵션은 때때로 변동성이 폭발하면서 발생하는 대박을 노리기 위해 거래해야 합니다. 특히 장기간 상승 후 꼭지 근처, 혹은 하락 후 패닉 국면에서는 변동성이 엄청나게 커지는 국면이 있습니다. 이럴 때는 무식하게 매일 소액으로 풋과 콜을 사들이면 됩니다. 그러다가 5배 이상 대박이 나면 청산합니다. 이런 플레이를 할 때 소액의 손실은 사업비용으로 간주하세요.

선물투자
레버리지의 고위험,
대기자금 넉넉해야

똘이: 선물거래는 이전에 현물과 크게 다를 것이 없다고 말씀하셨는데, 아무래도 대다수의 개투들은 그래도 선물거래를 선뜻 하기가 쉽지 않습니다. 선물에 대해서도 한 말씀 부탁드릴게요.

미녀53: 선물은 옵션과 같이 파생상품으로 분류되지만 레버리지를 가진다는 점을 제외하면 현물과 같은 성격을 가집니다. 선물 매수는 현물 매수와 동일한 성격을 가지고 선물 매도는 현물 공매도와 유사하죠.

똘이: 본질적으로 상품의 복잡성으로 치면 선물이 옵션보다 훨씬 단순하군요.

미녀53: 그렇죠. 선물거래는 기본적으로 방향성 거래입니다. 화살표 방향대로 따라가면 되는 게임이라는 거죠. 이런 이유로 투기 매매자들이 많고 단기 유동성과 변동성도 풍부하여 많은 기술적 거래자들이 선물 트레이딩을 선호합니다. 또한 추세 매매에 가장 적합한 시장도 선물시장입니다.

똘이: 선물거래를 하는데 있어서 주의사항 같은 것이 있을까요?

미녀53: 선물거래를 자신의 자금 한도 이상으로 하는 데서 선물거래의 위험성이 생겨나는 것입니다. 선물시장 그 자체에 내재되어 있는 다른 위험이 있는 것은 아닙니다. 도리어 기술적 분석을 통한 거래를 하기에는 현물시장보다 선물시장이 확률이 더 높습니다. 어떤 면에서는 더 안전하다고까지 생각됩니다.

똘이: 결국 선물은 어느 정도 자산이 있는 사람이 해야 되는 것이군요. 선물 1계약을 매수하기 위해서는 얼마만큼의 돈이 있어야 하나요?

미녀53: 선물은 1포인트 당 가격이 50만원입니다. 달리 말해 선물지수가 상하로 1포인트 움직이면 50만원의 평가금액이 발생하거나 없어집니다. 선물지수가 200포인트라 치면 1계약 당 선물 가격은 1억원이 되겠죠. 그러나 선물 1계약을 매수하기 위해 1억원이 필요한 것은 아니고 그 15%인 1500만원만 있으면 됩니다. 1500만원의 증거금만 있으면 선물 1계약을 거래할 수 있다는 뜻이죠.

똘이: 만약 큰 평가손실이 발생하면 현물 미수거래에서처럼 반대 매매가 일어나나요?

미녀53: 중요한 부분을 질문해주셨습니다. 선물거래는 기본적으로 일일정산을 합니다. 예를 들어 오늘 제가 선물지수 180포인트에서 선물 1계약을 매수하여 185포인트에서 청산했다면 그날 장이 끝나고 제 계좌에는 250만원이 입금됩니다. 물론 이 돈은 선물을 매도한 누군가의 계좌로부터 빠져나온 것이죠. 똘이님의 질문에 답하자면, 만일 계좌에 남은 금액이 보유 포지션 가치의 10% 이하가 되면 증거금을 추가로 납부하라는 마진콜이 발생합니다. 그리고 납부하지 못하면 반대 매매가 나갑니다.

똘이: 정말 무섭군요. 증거금이 충분하지 않으면 선물 매매를 하지 말아야 겠군요.

미녀53: 반대로 선물게임은 초기 자본이 두둑한 트레이더가 중기적 추세 추종 전략으로 밀고 나가면 장기적으로 결국 돈을 벌게 됩니다.

똘이: 정말 그런가요?

미녀53: 그렇습니다. 추세가 없는 시장에서 돈을 잃더라도 버틸 수 있을 자금력이 있으면 결국 추세장이 도래했을 때 돈을 벌게 됩니다. 장기적으로 추세추종을 하면 결국 돈을 벌 수 있습니다.

똘이: 그렇다면 대부분의 개투들이 실패하는 원인은 초기 자본의 부족 때 문인가요?

미녀53: 핵심을 짚어내셨네요. 파생매매는 기본적으로 메이저의 게임입 니다. 충분한 대기자금이 없으면 언제나 불안불안한 게임이죠. 반대로 충분한 대기자금이 있다면 현물보다 추세추종 전략이 훨 씬 용이한 시장입니다.

똘이: 미녀53님은 그렇다면 어떻게 처음부터 선물매매를 하시게 되었죠? 처음부터 두둑한 초기 자본이 있으셨던 건가요?

미녀53: 사실을 고백하자면 저는 스승님의 자금적 지원을 받으면서 매매 를 시작했습니다. 추세추종을 하다가 마진콜이 발생하면 스승님 은 제 매매 내역을 검토하고 제가 추세역행을 하거나 원칙을 어겼 다는 점이 발견되지 않으면 증거금을 대주셨어요. 스승님께서는 추세추종이 결국은 승리하고 저에게 대준 돈을 회수할 수 있다는 점을 알고 계셨던 거죠.

똘이: 정말 훌륭한 스승님이셨네요. 너무 부럽다~ ^^

미녀53: 스승님은 한 치의 흔들림도 없었어요. 제가 원칙을 지키지 않으면 크게 혼내셨지만 원칙대로 매매해서 발생한 손실에 대해서는 아주 태연하셨죠. 결국 초창기 스승님의 도움으로 어느 정도 자기자본을 쌓은 후에는 제 돈만으로도 충분한 대기자금을 조성할 수 있었습니다.

똘이: 미녀53님의 비밀 한 가지가 밝혀진 것 같네요. 결국 미녀53님의 성공 배후에는 스승님의 역할이 컸군요.

미녀53: 그렇습니다. 저는 스승님이 없었다면 여기까지 올 수 없었습니다.

똘이: 그렇다면 충분한 대기자금을 가지지 못한 개투들에게는 선물매매를 권할 수가 없겠네요.

미녀53: 네. 돈이 충분히 없으면 선물은 손대지 마세요. 선물 거래자들이 흔히 잊어버리는 사실은 선물 1계약을 매수한다는 건 실제로는 KOSPI200지수 1억원 어치를 매수한다는 겁니다. 선물은 1억원 정도의 여유 자산이 있어야 안정적으로 거래할 수 있습니다. 그러나 전재산이라고는 달랑 1500만원밖에 없는 투자자가 선물거래를 하면 그는 자신의 전재산을 리스크에 걸게 됩니다. 이런 몰빵매매가 선물거래를 위험하게 만드는 요인입니다.

똘이: 선물을 하기 위해서는 최소한 1억원은 있어야 하겠군요.

미녀53: 현재 지수인 200 수준으로 보면 그 정도는 되어야 여유 있는 거래를 할 수 있습니다. 운용자산이 넉넉지 못한 트레이더가 선물을 거래하면서 생기는 또 다른 문제는 투자지평이 단기화된다는 것이죠. 대기자금이 넉넉하다면 마진콜이 발생하더라도 채워넣으면 그만이지만 그렇지 못한 트레이더는 약간의 지수 변동에도 큰 스트레스를 받게 되고, 그 결과 스캘핑이나 준 스캘핑, 혹은 아무리 길더라도 데이트레이딩을 하게 될 확률이 큽니다. 그러나 이러한 단기시장일수록 노이즈도 많고 경쟁도 심해 돈을 버는 것이 어렵습니다.

똘이: 현물에서 실패하고 마지막 한 방을 노리고 파생시장으로 오는 개투들이 실패하는 이유가 여기에 있었군요.

미녀53: 그렇습니다. 저는 처음 매매를 시작한 후 발생시켜야 하는 수익의 폭을 선물시장의 진입장벽 Entry barrier of futures market 이라고 부릅니다. 선물은 어느 정도 여유자산이 있는 사람이 거래해야 합니다. 그리고 선물을 거래할 때는 현물을 거래하는 것과 같은 넉넉한 마음으로 중장기적으로 하는 것이 훨씬 성과가 좋습니다. 단순한 추세추종 전략을 일봉 이상의 차트에서 사용한다면 장기적으로 성공 가능성이 높습니다.

똘이: 마지막으로 하나만 질문할게요. 미녀53님은 왜 파생꾼이 되셨나요?

미녀53: ^^; 이유야 당연하지 않겠어요? 그만큼 절박했기 때문이죠. 제가 트레이더로의 삶을 처음 출발할 당시 저는 빚더미에 쌓여 있었습니다. 도저히 현물로는 극복할 수 없었죠. 결국 저 또한 대부분의 개투들이 파생시장으로 진입하는 루트를 똑같이 밟았던 겁니다. 제가 누렸던 유일한 행운은 처음부터 성공의 길로 접어들 수 있게 해주었던 스승님을 만났다는 것이겠죠. 이런 이유 때문에 저는 늘 시장에 빚진 감정을 가지고 있는지도 모르겠습니다.

똘이: 지금까지 좋은 말씀 감사합니다.

책을 마치며

시장의 승리자를 꿈꾸는 당신에게

어릴 적 난간 위를 걸어다니는 놀이를 하곤 했죠. 이때 이 놀이가 즐거움이 되느냐 공포가 되느냐를 결정하는 것은 바로 난간의 높이에 달려 있습니다.

난간의 폭은 난간의 높낮이에 상관없이 똑같습니다. 달리 말해 난간에서 발을 헛디뎌서 떨어질 확률은 난간이 높던 낮던 같다는 거죠. 그런데 우리는 낮은 난간 위에선 폴짝폴짝 뛰어다니기도 하면서 높은 난간 위에 올라가면 오금이 저려오고 한 발자국 내딛기도 힘이 듭니다.

왜 그럴까요?

이 둘은 표면적으로는 같아 보이지만 본질적으로는 다른 게임이기 때문입니다. 낮은 난간 위에서 하는 게임은 떨어지더라도 아무런 문제가 발생하지 않습니다. 떨어지면 다시 올라가면 되죠. 그러나 높은 난간 위에서 하는 게임은 행여 떨어지면 크게 다치거나 죽을 수도 있습니다. 아무것도 걸지 않는 게임과 목숨을 거는 게임은 그 게임의 형식은 같다 하더라도 완전히 다른 게임입니다. 사람은 본능에 의해 그 차이를 극명하게 인지하는 겁니다.

그러나 금융게임은 인류 진화의 역사상 그 유래가 오래되지 않았습니다. 그러다보니 우리의 본능은 아직 이러한 종류의 리스크를 정확히 산정하는 데까지 진화하지는 못한 듯 보입니다. 예를 들어 자신의 자금 한계 이상으로 빚을 내 몰빵하는 사람은 자신이 떨어지면 죽을지도 모르는 난간 위에서 게임을 하고 있다는 점을 인지하지 못합니다. 적신호를 날려줄 본능이 작동하지 않는 거죠.

노련한 트레이더가 된다는 것은 우리의 본능이 미처 발달하지 못한 금융 리스크를 정확하게 인지하는 새로운 본능을 개발하는 것과도 같습니다. 제아무리 난간 끝에 있는 보상이 크다 하더라도 그것을 얻기 위해 걸어야 하는 것이 자신의 목숨이라면 그러한 보상은 의미가 없는 것입니다.

늘 자신의 목숨을 걸고 큰 보상을 얻어내려는 사람을 두고 우리는 '승부사'라고 합니다. 이런 승부사는 멋있어 보이고, 때로 큰 부를 일궈내기도 합니다. 그렇기 때문에 이러한 사람의 삶을 소재로 소설도 쓰이고 영화도 제작되지만, 이러한 사람의 말로는 언제나 똑같습니다. 늘 자신의 모든 것을 걸기 때문에 한 번의 실패에도 모든 것을 잃습니다. 만약 여러분이 원하는 삶의 마지막이 이러한 형태라면 승부사가 되어도 좋습니다. 순간순간 삶의 스릴을 맛보지 못해 안달이 난 사람이라면 이런 식의 도박을 해도 좋습니다.

사람들의 오류는 리스크 산정에서만 발생하는 것이 아닙니다. 그 이상으로 큰 오류가 보상의 산정 과정에서 발생합니다. 쉽게 말해 대부분의 개투들은 지나친 환상을 가지고 주식판에 들어온다는 겁니다. 세계 최고의 투자자라 하는 워렌 버핏조차 연수익률 20~30% 정도에서 만족하는데, 개투들은 어이없게도 단기간에 2배, 3배의 대박을 꿈꾼다는 거죠.

물론 레버리지를 동원한다면 2~3배 대박이 불가능한 것은 아닙니다. 저 또한 완전히 망가진 인생에서 재기하기 위해 레버리지를 동원했던 사람입니다. 그러나 그것은 어디까지나 확실한 수익 모델이 존재하는 상태에서 동원되어야 하는 것이지 애초부터 잘못된 리스크-보상 산정을 기초로 동원되면 패가망신의 지름길이 됩니다.

레버리지를 동원하지 않는 정상적인 현물 트레이딩으로 연 20% 이상 수익률을 꾸준히 기록한다면 그 사람은 전설적인 투자자의 반열에 오를 것입니다. 수익률대회에서 1, 2위를 하면서 천문학적인 수익률을 달성하는 사람들의 실적에 현혹당해서는 안 됩니다. 그 사람들의 수익률을 리스크 대비 보상의 차원에서 검토하면 그들은 엄청난 레버리지를 부담했을 수도 있습니다. 또는 단순히 운이 좋았는지도 모르죠.

어쨌든 수많은 사람들이 참가하는 이 거대한 시장에서 어떤 누군가가 일반적인 방법으로 세 자릿수 수익률을 매번 꿈꾼다는 것은 정말 어리석은 생각입니다. 여러분이 목표로 삼아야 하는 것은 10년 정도의 오랜 기간 동안 상당한 돈을 버는 것입니다.

포커와 트레이딩의 공통점 중 하나는 이 두 게임이 모두 '기다림의 게임'이라는 것입니다. 수익은 시장이 내주는 것입니다. 달리 말해 시장이 추세를 만들지 않으면 투자자가 제아무리 날고 기어도 수익은 나지 않습니다.

그러나 시장이 추세를 만드는 것은 언제나 '때'가 있는 법입니다. 그리고 시장의 구조상 그 시기는 대중이 그것을 가장 예상하지 않을 때 찾아오는 특징이 있습니다. 어쩌면 이미 베팅머니가 거덜나서 더 이상 시장에 참가하지 못하는 때에 갑자기 시작될지도 모릅니다.

따라서 여러분이 트레이더로 성공하기 위해서는 그 '때'가 올 때까지 몸을 웅크리고 어떻게 해서든 시장이라는 정글에서 살아남아야 합니다. 때가 오면 여러분이 상상하는 것 이상의 버블이 여러분을 부자로 만들어 줄 것입니다. 시장의 승자는 소수입니다. 이 명제는 영원한 진리로 남을 수밖에 없습니다. 따라서 이 책을 읽고 있는 여러분 모두가 시장의 승자로 남지는 못할 것입니다.

저는 헛된 희망을 드리려 이 책을 쓴 것이 아닙니다. 애초에 출판 의뢰를 받았을 때에도 망설였던 이유가 있다면 제 책 또한 다른 장사꾼의 뒤를 잇게 되지는 않을까, 개투들에게 헛된 희망을 주고 도리어 재산을 주식 도박판에 탕진하도록 부채질하는 게 아닐까 하는 우려 때문이었습니다.

그럼에도 불구하고 이처럼 제가 가진 보잘것없는 노하우를 책을 통해 여러분과 나누게 된 것은 크게 두 가지 이유 때문입니다.

첫째, 돈을 버는데 특별한 비법이나 왕도는 없다는 점을 알리고 싶었습니다. 이미 돈을 벌기 위한 모든 기법은 널리 알려져 있습니다. 다만 그것을 깊이 공부하지 않고 장사꾼들의 손에 놀아나는 개투들이 많은 것이 문제인 거죠.

둘째, 주식 말고는 다른 삶의 방식을 살아갈 수 없는 사람들에게 적어도 최소한의 '도박 기술'은 알려주고 싶었습니다. 최대한 객관적인 입장에서 주식판에서 살아남기 위해서 가장 중요한 것은 바로 자기자신임을 말하고 싶었습니다.

여기까지 읽어오느라 수고 많으셨습니다. 부디 다음번에 책을 사실 때는 주식으로 돈 버는 방법에 대한 책이 아닌 재무설계와 자산관리에 대한 책이 되기를 간절히 기원합니다.

쩐의 흐름을 타라

초판 1쇄 발행 | 2009년 11월 10일
초판 14쇄 발행 | 2024년 7월 5일

지은이 | 미녀53
발행인 | 김태진 · 승영란
편집주간 | 김태정
디자인 | 디자인붐
마케팅 | 함송이
경영지원 | 이보혜
인쇄 | 다라니인쇄
펴낸 곳 | 에디터
주소 | 서울특별시 마포구 만리재로 80 예담빌딩 6층
문의 | 02-753-2700, 2778 FAX 02-753-2779
등록 | 1991년 6월 18일 제313-1991-74호

값 18,000원
ISBN 978-89-92037-47-1 03320